A Research of Professional Consciousness of Chinese Journalists

Based on the Data from a Preliminary Survey in Beijing

新闻从业人员专业意识研究

基于北京市的一项调研数据

王亦高　张金玺　罗雪蕾　吴翼翔　著

清華大学出版社
北京

图书在版编目(CIP)数据

新闻从业人员专业意识研究：基于北京市的一项调研数据/王亦高等著．—北京：清华大学出版社，2020.9

ISBN 978-7-302-55909-2

Ⅰ．①新… Ⅱ．①王… Ⅲ．①新闻工作者－研究 Ⅳ．①G214

中国版本图书馆 CIP 数据核字(2020)第 115544 号

责任编辑：梁 斐
封面设计：何凤霞
责任校对：赵丽敏
责任印制：丛怀宇

出版发行：清华大学出版社
网　　址：http://www.tup.com.cn，http://www.wqbook.com
地　　址：北京清华大学学研大厦 A 座　　**邮　　编**：100084
社 总 机：010-62770175　　**邮　　购**：010-62786544
投稿与读者服务：010-62776969，c-service@tup.tsinghua.edu.cn
质量反馈：010-62772015，zhiliang@tup.tsinghua.edu.cn
印 装 者：三河市吉祥印务有限公司
经　　销：全国新华书店
开　　本：170mm×240mm　　**印　　张**：9　　**字　　数**：157 千字
版　　次：2020 年 9 月第 1 版　　**印　　次**：2020 年 9 月第1次印刷
定　　价：58.00 元

产品编号：086929-01

献给尊敬的周建明教授

（1956.5—2018.6）

中国人民大学马克思主义新闻观研究中心

资助项目（编号 RMXY2016A004）

目录

CONTENTS

第一章

新闻工作是一种专业

近年来，中国新闻界出了不少事情，其中一大部分直接与新闻职业道德、新闻专业意识相关。譬如，2019 年，浙江省杭州市淳安县千岛湖镇青溪村一名章姓 9 岁女孩离奇死亡，记者们“蜂拥而至”的采访方式曾被全社会质疑。2018 年，关于滴滴顺风车 21 岁空姐遇害事件的新闻报道，甚至可用“乱象频出”加以形容，不得不让人发出“专业意识何在”“职业道德何在”的喟叹！那么，究竟如何在新闻工作中提倡与贯彻专业意识？

中国的新闻专业意识问题，有其特殊性、复杂性。或许，不得不承认：我们的新闻专业意识尚处于无序状态。更令人担忧的是，部分新闻工作者不敢正视这一点，竭力予以否认甚至掩盖——不敢面对问题，就更谈不上分析和解决问题的实际行动了。老百姓对新闻工作的各种批评意见，也往往集中在这里。时下正流行一句俗语：“防火防盗防记者！”这是为什么？在中国，新闻专业意识的问题不仅存在，而且浸染着浓厚的历史色彩。如此说来，我们对新闻专业意识问题进行系统讨论，特别是对中国新闻从业人员专业意识进行更深入的理论性分析和事实性考察，不仅必要，而且早就该是时候了。

或许有人会急不可耐地说：你就直接回答怎样解决这个问题吧！对此，笔者的回答是：对这个问题，尚无一揽子解决的完美方案。但是，问题还是应该被提出来。正是在不断提出问题和分析问题的过程中，人们的头脑才会被警醒，认识才能逐步加深，解决问题的方法和途径才能逐步被找到。其实，也正是因没有现成答案，对这个问题的讨论才显得更加重要——

问题已经严重到威胁社会了，我们还避而不见，更不知如何解决，难道还不该好好讨论一番吗？

我们知道，在中国，记者节已经被确立，这是一件值得赞许的事情，因为它至少从形式上意味着：作为一种专业，记者有其职责所在，有其操守所在。这可以被视为一个不错的标志。应该说，护士节、教师节、记者节等节日的确立，均彰显了各自领域独特的专业意识。那么，记者的专业意识核心价值何在？当然，这里的"记者"可以拓展为更广义的新闻从业人员，对这个问题目前却似乎少有人说得清楚、准确。新闻专业意识究竟是什么？有着怎样的内涵？存在什么问题？甚至，我们应该首先加以询问的是：新闻工作究竟是不是一种专业呢？——笔者认为，回答应该是肯定的，但这也存在着争论，甚至争论还挺激烈。

举例来说，时下老百姓上网发布消息早已是司空见惯、极为普通的事情了。可他们发布的消息是新闻吗？上网发布消息的普通百姓需要具备什么专业意识吗？回答这个问题有较大难度。百姓不是新闻工作者，宪法赋予他们说话的自由，可要害在于，他们发布的消息，通常会不会被当作正式的新闻看待呢？严谨地考量考量，似乎一般是不大会的。百姓只是在说话，而不是在发布新闻，新闻专业意识或许是无法约束他们的。而新闻工作者的情况则完全不同。不要说在新闻播报中，就是在平时的私下接触中，一个有影响力的新闻工作者的看似随意的一句话，都有可能受到特别关注。这又是为什么？因为他们是新闻工作者，他们的专业已经决定了他们的言行特质。专业新闻工作者与非专业的信息发布者在新闻传播过程中的作用存在差异，这可以作为"新闻工作是一种专业"这一说法的事实例证。类似的讲法还有一些，譬如，法国学者讲过这样的话："请永远不要忘记，无论载体是什么，信息一直是由某类专业人士——记者来制作并发布的。"[①]中国学者范以锦坦陈"专业媒体人生产的有影响力的新闻，从来没有像今天这样传播快速和覆盖面广"[②]；秦汉相信"职业新闻传播主体（职业建制性主体）呈现与

① [法]多米尼克·吴尔敦：《信息不等于传播》，宋嘉宁译，北京，中国传媒大学出版社，2012年，69-70页。

② 范以锦：《新环境下媒体人的价值与理想追求》，《新闻战线》2016年第5期。

创造的新闻传播图景依旧是整个新闻传播活动的主干"[①]；唐铮启用"媒体从业者"与"低质信息提供者"这一对概念[②]；牛静批评"自媒体用户缺乏传播素养的培育，信息发布者往往会忽视伦理边界与法律边界"[③]。看来，关于"新闻工作是不是一种专业"的讨论，是有极大的现实意义的，尽管这个讨论很可能在一时之间无法得到确切答案。

当今世界，传媒科技的发展非常之快，而一个不能不注意的后果就是：传受双方地位的变化。原来那种"你写字我看字"的模式早就发生了改变。数码摄像机刚出现的时候，已经有人惊呼：原先意义上的普通受众已不再普通，人们可以自己拍摄点儿东西，将之上传至网络，从而成了信息的发布者。随后，博客风起云涌，引领大潮，至 2008 年底，超过十分之一的中国人拥有了博客。而在 2011 年前后，微博客的出现与繁荣更让几乎所有人为之惊叹：信息的发布与接受原来可以是这个样子！短短的 140 字，囊宇宙于方寸，一时蔚为大观。微博客还让人觉得挺新鲜呢，微信又横空出世了，2013 年已呈"井喷"之势，仅"朋友圈发布"一项就成了广大智能手机用户特别是年轻人尤其钟爱的项目，其发展之快实在令人咋舌。2015 年，微信"朋友圈发布"里又添加了"小视频"功能，各式各样的小视频成为大家津津乐道的时髦事物。2016 年，一个名曰"快手"的小视频发布平台异军突起并立刻开启高速发展之门，"快手"总用户于当年就突破了 3 亿。2017 年则被誉为"人工智能应用元年"，人工智能从精深前沿技术开始走向日常实际运用，由它引领的下一场更为深远的科技革命呼之欲出。而至 2019 年，5G 技术及其未来应用，已经成为大家耳熟能详的茶余谈资，此时此刻，若再谈 4G 都甚至显得有点儿过时了！5G 技术的特点——干脆说得直白些——就是：无与伦比的快、人多也不怕、什么都能通信、最佳体验如影随形、超实时、超

---

① 秦汉：《新闻媒介体制：要素、内涵与特征》，《国际新闻界》2018 年第 7 期。

② 唐铮：《能动的在场：融合背景下的职业权威性——对近百位中国媒体从业者的深度访谈》，《国际新闻界》2019 年第 6 期。

③ 牛静：《缘起与路径：自媒体用户信息传播伦理规范的拟定》，《青年记者》2019 年 8 月(下)。

可靠。[①]

具体到新闻传播领域，以人工智能、大数据、区块链为代表的新媒介技术正在对全球新闻业产生颠覆性影响。“泛媒化”“智媒化”的信息时代已在眼前，虚拟歌手（如洛天依）、网红机器人（如索菲亚）、AI主播（如新华社AI合成主播）等新现象、新模式更是不断涌现，人机深度互动迎来了集中爆发的时刻。[②] 未来的新闻或许不再是用来“读”或“看”的，而是用来“体验”的？[③]

在王斌、顾天成等学者看来，处身于“智媒化”的信息时代，就新闻从业人员而言，如下三个影响因素更是全新的，绝不可不察：数据，特别是用户反馈数据；算法，特别是信息分发算法；平台型媒体，作为数据、算法、社交网络、新闻专业编辑的集大成者。王斌、顾天成总结说：“数据重构新闻职业判断”，“算法重构新闻职业权威”，“平台型媒体重构新闻职业想象”。[④]

毋宁说，我们确实应该谨慎询问：新闻如何定义？现在所谓的新闻和100年前所谓的新闻，差别何在？——如今，或许对很多人来说，公民新闻（citizen journalism 或者 civic journalism）这个概念已经不算陌生了[⑤]，它的实际意思其实就是指来自普通公民的非职业的新闻报道，也有人将公民新

① 匡文波：《5G：颠覆新闻内容生产形态的革命》，《新闻与写作》2019年第9期。

② 参见苏涛、彭兰：《反思与展望：赛博格时代的传播图景——2018年新媒体研究综述》，《国际新闻界》2019年第1期。复可参见刘宏宇、刘亚光、李婧文：《虚拟性媒介研究范式导论——理解作为媒介基本属性的虚拟性》，《中国人民大学学报》2019年第2期。

③ 参见周勇、何天平：《从“看”到“体验”：现实体验技术对新闻表达的重构》，《新闻与写作》2016年第11期。复可参见罗雪蕾：《媒介融合时代下的新闻直播活动》，《现代传播》2012年第3期。

④ 王斌、顾天成：《智媒时代新闻从业者的职业角色转型》，《新闻与写作》2019年第4期。

⑤ 美国学者斯坦利·巴兰、丹尼斯·戴维斯认为，公民新闻是社会责任理论在美国的实践形式之一，公民新闻“延续着美国媒介对社会责任理论的承诺”。二位学者如此定义公民新闻：“积极地让受众参与报道重要公民事件的新闻实践。”参见[美]斯坦利·巴兰、丹尼斯·戴维斯：《大众传播理论：基础、争鸣与未来》，曹书乐译，北京，清华大学出版社，2004年，117页。类似地，还有其他多种讲法，如现下常说的“自媒体”(we media)、“协同媒体”(collaborative media)等，按照中国学者胡泳的意见，这些词汇其实都是同义词，它们的核心意涵均是指，原本由媒体组织掌控的大众媒体已经逐渐蜕变为人人都有机会参与的公众媒体。对此展开的更为全面与深刻的论述，参见胡泳：《众声喧哗：网络时代的个人表达与公共讨论》，桂林，广西师范大学出版社，2008年，19页。

闻干脆称作公民共享新闻(citizen participatory journalism)。而且,正如众所周知的,公民新闻有多种实践模式,从发展趋势上看,以互联网为代表的新的媒体平台已经成为公民新闻最主要的传播渠道。

总之,面临急速变化的传媒科技,新闻工作的具体样态必然发生变化,它必须去适应新媒体发展的大势,这一点是任何人都不难想见的,也更是不能视而不见的。美国学者惊叹:“科技使公民从消费职业新闻工作者生产的新闻的被动消费者,逐渐转变为积极的参与者。”①德国学者惊叹:“互联网所使用的技术设备和软件将大众媒介所具有的一对多的等级制结构转变成多对多的平面型交流结构。”②的确如此,新媒体提供了传播与交流的替代性平台,毫无疑问地,它也因此约束与节制了传统大众媒体的垄断。③ 中国学者陆晔、周睿鸣借用社会学家鲍曼昔日的说法,提出了“液态的新闻业”(liquid journalism)的概念,其基本含义是:在日新月异的传播形态之下,新闻业的核心特征就是其不得不处于多维度的极速变迁之中。④ 记者身份是“液态”的,新闻职业共同体更是“液态”的,“液态”的新闻业意味着尊重每一个社会成员以自己的方式生产和使用新闻并借此参与公共生活的权利。⑤

---

① [美]比尔·科瓦齐、汤姆·罗森斯蒂尔:《新闻的十大基本原则》,刘海龙、连晓东译,北京,北京大学出版社,2011年,15页。

② [德]托马斯·梅耶:《传媒殖民政治》,刘宁译,北京,中国传媒大学出版社,2009年,103页。

③ 当然,传统大众媒体的力量,依然异常强大。参见吕鹏:《作为假象的自由:用户生成内容时代的个人与媒介》,《国际新闻界》2017年第11期。吕鹏提请读者必须注意技术的“两面性”。人们在为技术进行颂歌、为新媒体进行鼓吹的时候,需要加倍小心谨慎。吕鹏不无豪情却又满怀伤感地写道:“个人,或者说那些还有清晰梦想和追求的个人,在与媒介的关系中,更像是挥舞着长矛拼杀巨大风车的堂吉诃德。”

④ 一切都在极速变迁之中,这或许也不一定是好事。故而,鲍曼称现代文化是具备悲剧特征的:文化只有在其漂泊中才真正地觉得是在家里。对鲍曼思想的深入解析,参见陆扬、王毅:《文化研究导论》,上海,复旦大学出版社,2006年,51-53页。

⑤ 参见陆晔、周睿鸣:《“液态”的新闻业:新传播形态与新闻专业主义再思考——以澎湃新闻“东方之星”长江沉船事故报道为个案》,《新闻与传播研究》2016年第7期。此外,更进一步的讨论,复可参见李泓江、杨保军:《“液态”理论的旅行及其对新闻学研究的启示》,《社会科学战线》2019年第9期。李泓江与杨保军坚持认为,鲍曼的液态社会理论描述的是现代社会逐渐从一种沉重的、规则界限分明的固态样态转变为一种轻灵的、边界消弭的、社会生活重构的液态样态,这种社会生活整体性的转变引申至新闻领域,意味着不仅职业新闻活动发生了变化,非职业新闻活动也发生了变化,职业新闻活动与非职业新闻活动共同构成了一种弱边界、高融合的社会化新闻活动。

自然而然地，“百年大报和自媒体都只是众多的新闻来源之一”[①]，“受众的新闻实践变得散漫而日常”[②]。

我们一开始就提出过的问题——老百姓上网发布消息是新闻吗——究竟该如何作答？对此，中国学者郭镇之犹犹豫豫地说：“网民似乎只适合当爆料人和调查者，而不适合下定论。”[③]而且，老百姓通过什么上网？是通过家用个人电脑，还是通过手机？这成为现下学者们关注的焦点。其实，答案已然揭晓：通过手机上网的网民数量已经赶超了通过家用个人电脑上网的网民数量。相关数据显示，截至2019年6月，我国手机网民规模已达8.47亿。[④] 用户的上网设备向手机端转移，这是不争的事实。越来越多的人拿着手机小匣子，爱不释手，在日常生活的每一个平凡瞬间，都能够与大千世界鲜鲜活活地联通起来！——如此，那个始终希冀着要真实、准确、快捷、全面、有效地报道大千世界的新闻记者，又将何去何从？一切果真都已然被“重构”了吗？

早在1997年，中国学者邵培仁就在书中引述过美国新闻学家的一段颇有意思的话，讨论的核心主题是未来的记者会是什么样子：

> 未来的记者可能与今天完全不同。美国新闻学家洛伦·吉格里奥在《明天的记者》(1991)一文中为未来记者提出了三种发展构想：(1)记者仍由人类的专业人员担任，仍像许多年前一样靠采访和报道新闻混饭吃，但他们可能是一群最无聊乏味的职业传播者；(2)记者由非人类的智能机器人担任，人类的职业记者只是它的下手，“机器人记者”在许多采访报道(如火灾、枪战、核泄漏、火山爆发等)中会比任何人都干得更为出色；(3)记者由原来是新闻接收者的担任，他们依靠未来的

① 白红义：《重构传播的权力：平台新闻业的崛起、挑战与省思》，《南京社会科学》2018年第2期。

② 王斌、程思琪：《反推式变革：数字环境中的新闻消费特点和转型路径》，《编辑之友》2018年第12期。

③ 郭镇之：《公民参与时代的新闻专业主义与媒介伦理：中国的问题》，《国际新闻界》2014年第6期。

④ 参见中国互联网络信息中心发布的第44次《中国互联网络发展状况统计报告》，2019年8月。

传播技术，成为自采自报自编自娱的业余记者。这些具有完全不同特点的“机器人记者”和“业余记者”，将会为人类的新闻传播事业揭开新的一页。[①]

以上引述，现在读来，竟然觉得有不少内容几乎已经成为事实，特别是其中的第 3 点：原来的新闻接收者，现在成为新闻发布者。而且，更进一步地，因为新闻的实践发生了变化，新闻的相关理论也不可能一成不变。所以，归结到我们的问题上来，新闻工作究竟是不是一种专业，“人类的专业人员”到底何去何从，这些问题都有极大的讨论空间。如果说，未来的传媒发展方向真真正正成了“全民记者”，那么很可能今天我们耳熟能详的新闻理论种种，其中的相当一部分都需要被重新改写。或许，正如前文已经叙说过的，随着“泛媒化”“智媒化”时代的翩然来临，“数据重构新闻职业判断”“算法重构新闻职业权威”“平台型媒体重构新闻职业想象”[②]，倘若一切都被“重构”了，那新闻业究竟还能剩下些什么呢？而当我们致力于讨论“剩下些什么”的时候，更令人深省的背景恰是：新闻“所描绘的世界以及人们对这个领地的思虑，本就是一个历史并不漫长的现象”[③]。

2018 年 3 月中旬，中国人民大学新闻学院的两位青年教师——王斌、王亦高——在学院内做了一次简短的汇报，希望以“数字新闻学”为题开设一门面向本科生的新课。初步设计的课程纲要大致如下，主要依赖于王斌的设计与归纳：

(1) 全球新闻业转型的社会背景；

(2) 数字技术与“新-新闻”生态系统；

(3) 液态新闻与新闻透明性(职业理念)；

(4) 新闻职业角色：把关、看门、策展(职业角色)；

---

① 邵培仁：《传播学导论》，杭州，浙江大学出版社，1997 年，131 页。更进一步的讨论，参见杨保军：《简论智能新闻的主体性》，《现代传播》2018 年第 11 期。复可参见金观涛：《反思“人工智能革命”》，《文化纵横》2017 年第 4 期。复可参见苏涛、彭兰：《反思与展望：赛博格时代的传播图景——2018 年新媒体研究综述》，《国际新闻界》2019 年第 1 期。

② 王斌、顾天成：《智媒时代新闻从业者的职业角色转型》，《新闻与写作》2019 年第 4 期。

③ 卞冬磊：《“社会世界”的更新：新闻与现代性的发生》，《国际新闻界》2014 年第 2 期。

(5) 数字新闻业的新闻生产常规(新闻生产)；

(6) 平台型媒体的工作流程(新闻分发)；

(7) 参与式新闻与用户自制内容(新闻消费)；

(8) 数字新闻业的筹资与商业模式；

(9) 数字新闻业的工作边界与职业权威；

(10) 数字新闻时代的意见表达与社会认同。

——此时此刻，还是让我们暂且回归到关于“专业”的讨论中来。笔者已经指出，新闻工作究竟是不是一种专业呢？答案应该是肯定的，但也存在着争论。一般来说，与“专业”这一说法相接近的说法大约有三种，即差事、工作、职业。我们就从这几个说法入手进行若干简要分析。

最低层次的说法是“差事”。当差办事，主要目的是获得相应报酬，仅此而已。差事办得好不好，只要看派差人的满意度就够了，此外无须更多的规范和要求。比“差事”高一层的是“工作”。“工作”往往暗含着需要某种技能的训练，不掌握这种技能，也就无法胜任这项工作。因而“工作”重在实现目标和完成任务的过程。工作需要规范，但工作规范涉及和约束的范围显然比职业规范涉及的面儿要窄得多。比工作更高一层的是“职业”，到了“职业”层面，其内涵不仅包括各种职业需要的专门技能，还蕴含着该职业领域的全体工作者共同的信仰、价值观和理念。进入了某一“职业”范围的人应该对本职业的核心理念有明确清晰的认识并身体力行，否则他就没有资格或者说不适合在这个职业领域内工作。换句话说，能够被称为“职业”的领域，是对从事该职业的全体工作者有明确、深入、严格、具体的要求的领域。从这一点出发，我们可以说，医生是个职业，律师是个职业，新闻工作者是个职业。然而，貌似还有比“职业”(occupation)更高一级的，即“专业”(profession)。关于这一概念，中国学者李艳红说得不错：

> 职业社会学家认为，所谓专业，是指职业社区的成员自身以及社会公众都达成一种共识，认为这个职业的人群被独一无二地赋予资格，来填充某个拥有声望的职业空间。而这种资格赋予主要来自这个职业所拥有的特殊的技能、训练、行为规则、对公共服务的承诺以及工作的自

主性等。这种资格赋予的标准与社会学家用以测量职业的指标基本一致……[①]

但这个问题又是极端复杂的，因在另外的场合，“职业化”与“专业化”似乎又是彼此通用(至少差别并不巨大)的。

讨论一项工作是不是一种专业，显然应该有一些标准。依笔者之见，这些标准大略是围绕如下几个分论点展开的，在每一个分论点之下又都会有不同的意见浮现出来。

第一，有没有知识体系？这很可能是学者们最为关注的一条。譬如，法国学者克劳德-让·贝特朗坚持认为新闻工作不是一种专业，他的理由就是“新闻行业并不是建立在一门科学之上”[②]。但是，其他的声音也是有的。《大众传播理论：基础、争鸣与未来》一书就提出了关于这个问题的不少争论，书中写过“媒介的专业化不包括专业训练和专业执照的标准”[③]这样的句子，也就是说，类似于对医生或律师进行考量的所谓“知识体系”，或许根本就不该成为对新闻工作者进行考量的标尺，这个标尺很可能是无意义的。

第二，是不是为公共利益服务？这无非就是说，要为公共利益服务，不能只图挣钱。只图挣钱的工作，似乎谈不上“专业”，只是某种“差事”罢了。当然，在这个问题上也有许许多多的争论。譬如，陈楚洁引用大量外文文献，这样归纳：“传统意义上，记者的专业认同与实践是基于公众服务、客观性、自主性、伦理等共享的职业意识形态。这些职业意识形态相比商业价值在塑造一个记者的认同与实践上更具有优势地位。而随着社会环境、职业环境的变化，人们对职业的认知也有建立新的意义和理解的需要。例如，在新媒体环境下工作的记者，由于组织环境、工作常规和职业价值观的调整，

① 李艳红：《重塑专业还是远离专业？——从认知维度解析网络新闻业的职业模式》，《新闻记者》2012年第12期。

② [法]克劳德-让·贝特朗：《媒体职业道德规范与责任体系》，宋建新译，北京，商务印书馆，2006年，21页。

③ [美]斯坦利·巴兰、丹尼斯·戴维斯：《大众传播理论：基础、争鸣与未来》，曹书乐译，北京，清华大学出版社，2004年，108页。

对于其作为记者的职业认同往往会产生疑问。”①

第三，是不是服务于很多人？或者说影响面很广？美国新闻教育之父布莱耶认为，新闻工作有着比医学和法律更高的专业要求，其原因就在于：新闻工作涉及的受众更多，影响面更大。1921 年，布莱耶在一次演讲中明确提到：“一个医生一生中出现再大的过错也不可能杀死多于 100 的生命；一个律师可能会使客户的财产遭受损失，甚至使客户失去一生的自由；但是一个不成功的新闻记者如果日复一日地提供不准确的信息或有色新闻，便会引导公众的舆论走向错误的方向，进而对社会民主造成危害。”②布莱耶无非是想澄明新闻工作的极端重要性：新闻工作影响和波及的范围实在太广，所以不可不被重视。新闻工作绝不是随便什么人都能干的。但是，令人颇感意外又在情理之中的是，或许正是因为新闻工作影响过于广泛了，所以它的影响后果反而不那么容易判定。《大众传播理论：基础、争鸣与未来》一书分析说：“当医生治疗失败时，病人死亡；当律师打官司失败时，委托人毫无必要地进监狱坐牢。但不道德的媒介实践的后果很难被发现。”③这个分析不能不让人感到问题的曲折与棘手。

第四，是否导致精英论？这个论点的代表性言论，要属美国学者尼罗等人的讲法。而尤其耐人寻味的是，尼罗等人竟然还是将新闻工作者与医生放到一起做比较的，得出的结论却与布莱耶的结论相反：“和责任一样，专业主义是一个被普遍接受的理念，看起来无可厚非……但是专业主义的确是一种精英论。并且，当我们希望医生在医学上比我们博学时，亦应该对记者比我们更精通政治这一看法而感到不安。毕竟，在民主社会里，公众才是管理者；因此，民主的媒体也应该让人们相互讨论，而非只是聆听专家之言。”④看起来，尼罗等人的意见是：新闻工作者和医生之间的可比性没有想

---

① 陈楚洁：《“从前有一个记者，后来他去创业了”——媒体创业叙事与创业者认同建构》，《新闻记者》2018 年第 3 期。

② 转引自贺明华：《论美国新闻教育模式的形成及价值》，《国际新闻界》2011 年第 8 期。

③ [美]斯坦利·巴兰、丹尼斯·戴维斯：《大众传播理论：基础、争鸣与未来》，曹书乐译，北京，清华大学出版社，2004 年，109 页。

④ [美]约翰·C. 尼罗等：《最后的权利：重议〈报刊的四种理论〉》，周翔译，汕头，汕头大学出版社，2008 年，128 页。

象中的那么大，因为医生越是专家越好，但记者却未必。如果这样说的话，延伸出来的结论就应该是：新闻工作者的专业化程度没有医生的高，而且也不该有那么高，似乎新闻工作的专业性远较医生为弱，新闻从业人员的专业意识自然也就跟着会弱一些。

——以上所论几点，倘若单独来看，似乎都有些道理，又似乎都有些偏执于一端。吴飞等学者曾直言不讳："当前新闻从业人员并没有充分认识新闻传播业的专业化程度，也可以说，在专业化程度上，新闻从业者没有将自己的职业与律师、医生、会计师等放在一个水平线上。"[①]陆晔等学者则干脆认为："作为专业人士的新闻从业者这个概念本身就是模糊又暧昧的，作为职业的新闻业也并不具有同一的专业范型，新闻业根植于政治体制和社会的主导意识形态当中，并非仅受社会学文献中某种专业典范的影响。"[②]毋宁说，"新闻工作是不是一种专业"这个问题，至今也没有最终定论。但笔者坚持认为，新闻工作者绝不能把自己每日的工作仅仅看成是一种混饭吃的差事，甚至不能看成是机械性的工作。新闻工作责任重大、影响广泛，显然需要专业意识予以引领，这想来是没有错的。

总之，承认新闻工作是一种专业，是讨论新闻专业意识的逻辑起点。讨论这个问题或许晦涩，笔者的论述也并非充分，不过蜻蜓点水，但此处提出一些基本的观点，似乎也还是应该的、有必要的。

---

① 吴飞等：《新闻从业者专业化程度调查》，《新闻实践》2003年第9期。

② 陆晔、周睿鸣：《"液态"的新闻业：新传播形态与新闻专业主义再思考——以澎湃新闻"东方之星"长江沉船事故报道为个案》，《新闻与传播研究》2016年第7期。关于这个问题的更多论述，复可参见芮必峰：《新闻专业主义：一种职业权力的意识形态——再论新闻专业主义之于我国新闻传播实践》，《国际新闻界》2011年第12期。芮必峰指出，从社会互动论的观点看，问题不在于"这个职业是不是一个专业"，而在于"在何种情况下某行业的从业人员会争取其专业地位并使自己成为专业人士"。因此，芮必峰紧接着指出，"专业"不是由一套现成的专业标准规定的，而是由某种社会权力因素界定的。陆晔、周睿鸣强调"新闻业根植于政治体制和社会的主导意识形态当中，并非仅受社会学文献中某种专业典范的影响"，很明显，这与芮必峰的观点是有呼应之处的。

第二章

研究背景与基本设计

研究的价值与难点

新闻从业人员专业意识的相关问题，广义上属于新闻理论的讨论范畴，一直以来是新闻学、传播学研究者讨论的热门话题。然而，在这个话题之下，以往的研究往往呈现三个特点，或曰不足。

第一，将“专业意识”混同于更为宽泛的“伦理”或“法规”，我们能够看到较多的以“伦理”或“法规”为关键词的书籍或文章，但它们与“新闻从业人员的专业意识”的关系究竟如何，是不甚清楚的。

第二，对新媒体的迅猛发展留意不够，往往止步于对报刊广电的研究，这也是不可避免的情况。

第三，对贴近当下的实际情况把握不够，往往流于“应然”层面的论证，缺乏“实然”层面的佐证。说得更实在些，就是缺乏一手的调查数据。而我们都应该晓得，“实际上，在经验科学的建立中，调查无疑一直是简陋的但却基本的因素”①。

相对应地，本研究希望能在上述几个层面上，做一些工作，力图兼具理论价值和实践价值——这也是我们的愿望。

---

① [法]米歇尔·福柯：《规训与惩罚》，刘北成、杨远婴译，北京，生活·读书·新知三联书店，2007年第3版，252页。当然，福柯对于“调查”是持批判态度的。福柯说：“这些调查对于心理学、精神病学、教育学、犯罪学以及其他许多奇怪的科学的重大意义，与可怕的调查权力对于有关动物、植物或地球的冷静知识的意义是相同的。不同的权力产生不同的知识。”参见[法]米歇尔·福柯：《规训与惩罚》，253-255页。

第一，合理缩小范围，尽量只关注新闻从业人员专业意识的有关问题，而基本不涉及更为宽泛的伦理或法规问题（尤其是法规问题）。从理论上说，这样可以较有针对性地丰富国内新闻专业意识方面的研究资源，而不致沦为大而无当的夸夸其谈。

第二，关注新媒体的大环境，将传媒技术视为一个重要维度，力图探讨在新的新闻呈现形式之下新闻工作的若干特质。从实践上说，本研究希望以新技术为视窗来反映当代社会的新闻文化之崭新状态。

第三，务求实效，希望能提供一些可如实勾勒中国新闻实践面貌的实际素材。不消说，我们研究专业意识的目的，不仅仅是为了理论上的阐释，更是为了促进符合新闻专业原则的新闻实践活动的实现。

诚然，研究的难点也必然存在。

第一，长期以来，对专业意识、职业精神等几个概念的认识是不清晰的，这种认识上的模糊或许导致了社会实践活动中的模棱之处。如何将概念廓清，如何将问题细化，正是本研究要着力突破的难题之一。对于专业意识问题的理解，角度、层面往往不同。密切联系具体研究对象和实践活动，充分挖掘这一问题的特殊性，从理论层面对这种特殊性加以认识，将是本研究的着眼点之所在。

第二，对专业意识进行研究，涉及内容非常广泛，仅仅将手头的调查数据罗列一遍显然远远不够。毋宁说，这一研究涉及理论、历史、实践等多个层面，更涉及新闻学、传播学、伦理学、社会学等多个学科。因而，采取怎样的线索，将丰富而纷杂的内容串联在一起，构成较为有序的篇章，是本研究要突破的难题之二。

第三，本课题的研究前提必须考虑新媒体的发展，但新媒体的发展速度之迅猛，又往往出人意料。如何能在一个较为适当的层面上，把握新媒体的实质，使得相关研究不至于迅速凋零①，是最为棘手的一个理论问题，也是本研究必须面对的难题之三。

① 学者们中肯地指出："新媒体技术在其进化过程中呈现出的明显的迭代特征——新的技术尚未完全普及就被更新的技术所替代。"参见苏涛、彭兰：《反思与展望：赛博格时代的传播图景——2018 年新媒体研究综述》，《国际新闻界》2019 年第 1 期。

笔者由衷希望，本研究在其最终完成之时，能够在一定程度上，对前述三个难题有所克服，从而使本研究的自身价值得以彰显。

研究设计与样本基本情况

首都北京作为我国的政治中心、文化中心，以新华社、《人民日报》、中央广播电视总台、《光明日报》、凤凰网等媒体为代表，存在数量众多的新闻机构，聚集了一大批新闻从业人员。北京地区的新闻从业人员在面临行业变革之时，其专业意识较之以往是否出现了调整与变动？这个问题颇有价值，绝非空谈或臆断。同时，北京是我国信息最畅通的地区之一，新闻从业人员密度极大，以北京地区新闻从业人员作为调研对象，在一定程度上或许能够反映当下我国新闻从业人员专业意识的整体情况，这也是我们为什么最终选择北京地区作为研究对象区域的主要原因。

本研究以北京地区不同类型媒体的新闻从业人员为调研对象，包括记者、编辑、宣传发布等新闻内容生产与传播岗位的员工，尽量保证受访者从业经验不少于1年(实际上不能百分百达到这一抽样目标)，共发放调查问卷376份，回收有效问卷320份，有效率为85.1%左右。并且，在样本选取过程中，我们精心设计并采取目标抽样的方法，基本保证各个类型的媒体占据较为相同的份额，具体样本类型详见表2-1。媒体类型分为传统媒体、数字化传统媒体、互联网媒体、自媒体四大类。

表2-1 北京地区新闻从业人员调研样本类型

样本类型	样本描述	样本量
传统媒体	报纸、通讯社、广播、电视、期刊等	90
数字化传统媒体	由传统媒体数字化转型创办的新闻网站及门户网站	90
互联网媒体	互联网公司等主办的网站、资讯聚合平台、专业新闻客户端	70
自媒体	社交媒体，如微博、微信公众号等	70
总计		320

本次调查的开展时间为2018年7月至11月，耗时4个月，贴近当下实际情况。因此，我们认为本次调查能够在较大程度上确切反映北京地区新闻从业人员的专业意识状况。

至于新闻从业人员的专业意识本身，根据对前期文献的归纳，我们认为，似乎可以从以下几个方面，加以深入理解：

(1) 对新闻价值诸要素的认识；

(2) 对新闻从业人员职业角色的认识；

(3) 对新闻工作的社会功能的认识；

(4) 对新闻从业人员择业动机的认识；

(5) 对影响新闻工作的诸要素的认识；

(6) 对若干新闻伦理规范的认识；

(7) 对新媒体技术发展及其可能的社会性影响的认识。

——本研究也正是按照上述理论逻辑予以展开的。

最后，尤其需要着重说明的是，为贯彻落实中宣部、教育部《关于地方党委宣传部门与高等学校共建新闻学院的意见》，培养具有坚定马克思主义新闻观的优秀新闻出版人才，依据北京市委宣传部与中国人民大学的“部校共建”框架协议，中国人民大学组建了马克思主义新闻观研究中心，中心首任主任为周建明教授。该中心围绕当代中国马克思主义新闻理论教学科研与实践，以项目制为依托，开展新闻理论研究与新闻实践教学改革。本调查即为该中心的重点项目之一。

第三章

新媒体发展与新闻传播教育

新媒体时代，移动媒体、社交媒体、智能媒体成为人们获取资讯信息的主要途径，自媒体的广泛出现大大降低了信息发布与传播的门槛。新闻传播方式的改变给新闻从业人员带来了巨大挑战，要求他们与时俱进，进一步提升新闻职业素养[①]，从而为受众提供更具时效、更有质量的新闻资讯。因此，新闻从业人员的素质教育问题成为当下新闻业界与学界讨论的热门话题。然而，目前针对该内容的研究往往流于泛泛、不够深入，更缺乏一手数据，"想当然"的情况普遍较多。那么，实际情况究竟如何？我们认为，切实的调查数据能够说明一些问题。

新闻从业人员种类发生质的变化

媒体技术迅猛发展的大趋势下，新媒体成为媒体行业中不可忽视的重要类型，也催生了不同种类的新媒体岗位，无论是岗位人数还是对应的岗位要求都发生了重大变化，这意味着"新闻从业人员"的内涵必然发生改变。基于自身工作经验，新闻从业人员普遍对这一改变有着深刻认识。

---

① 关于"素养"问题，如果细致讲，也有区分。"职业素养"与"媒介素养"，在一般的语境之中，也不是一回事。媒介素养教育的对象一直是媒介产品的消费者——受众。所以，如果教育的对象是媒介产品的生产者，那么，这样的教育就不是媒介素养教育了。可是，随着21世纪第三个"十年"的翩然来临，倘若传者与受众之间的泾渭已不再分明，那么，"职业素养"与"媒介素养"又该如何加以具体区分？这样区分的意义又有多大？这些都是值得探究的理论问题。参见樊亚平：《避免媒介素养教育的泛化》，《当代传播》2006年第4期。

通过图 3-1 可以发现，在 320 名受访者中，有超过 70%的人认为“新闻从业人员”的内涵变化集中体现在“新的媒体形式催生了新的新闻从业人员种类”，超过 20%的受访者则认为内涵变化集中体现在“从业人员的教育背景更为多元”，而只有不足 4%的受访者认为内涵变化集中体现在“从业人员数量增加”。确实，可以想见，随着新媒体技术的发展，媒体行业的壁垒近乎被打破，新的新闻从业人员种类不断诞生，譬如：①大型互联网科技公司，以今日头条为代表，虽无采访权，但通过变通的方式依然可以决定人们看到(或看不到)什么新闻；②新型的新闻创业公司或个人，诸如各种热点事件引发出来的层出不穷的微信公众号；③活跃在微博上的各式意见领袖；④以公民新闻为标榜的诸种网站，其通常对于边缘人群更为关注；⑤通常意义上的消息来源变为新闻的生产者，最典型的，诸如政府部门所办的微博栏目、微信公众号；⑥社交媒体上的若干个人。——因而，总体一观，就“新闻从业人员”的内涵变化来讲，这显然绝不仅仅是量的变化，更是质的变化；显然绝不仅仅是技术的变化，更是主体的变化，即人的变化。

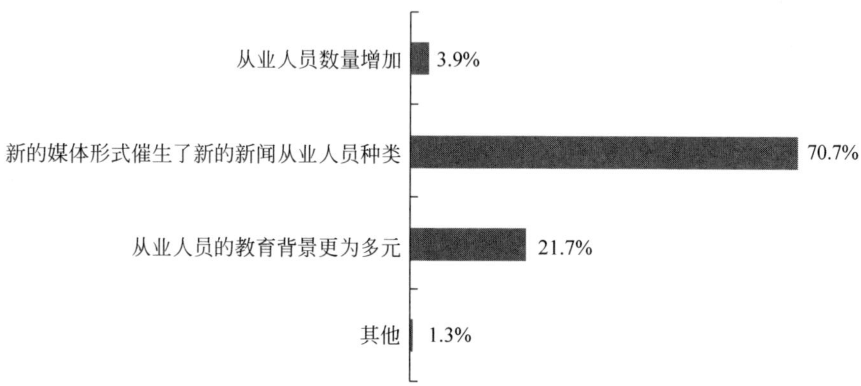

图 3-1 “新闻从业人员”内涵变化的集中体现

“人人都有麦克风”，是当下人们常说的一句话。[①] 公民可以通过社交媒体发布信息，群体机构可以建立自己的网站向外界披露信息。毋庸置疑，

① 我们设计了相应的李克特五点量表(从 1 到 5，得分越高表示越看重、越认可、越肯定、越符合自身的既有观念)，加以详细测量。就“‘人人都是记者’的时代已经降临”这一新闻理念而言，受访者对其的打分情况是：平均值 3.6，标准差 1.1。

"主体"已经变得更加多元、繁复、驳杂了。在这样"众声喧哗"的时代，传统的新闻生产主体和互联网新闻生产场域中的其他主体之间的关系必然成为新的议题。如果说，"我思故我在"的权利，自然导向武断、唯我、膨胀；那么，"主体间性"的权利，则自然导向对话、协商、博弈。马丁·布伯的至理名言——"不可思议的，我们栖居于万有相互玉成的浩渺人生中"①——倒真成了目下最应景的说法。

人们常说"互联网思维"，究竟什么是互联网思维？在我们看来，对"多主体"的考虑一定是其中的重要一环，本次调查也从侧面暗示了这一关键点。"多主体"既拓宽了媒体的信息来源，又有利于事实的多角度呈现，"真相"——这一新闻媒体和新闻从业人员一直以来所追求的目标②，是不是就有更多机会被切实探寻到了呢？因此，需要深入琢磨的，是随着技术变革带来的社会结构变革和信息样态变革，根据这一变革，"我"——新闻媒体和新闻从业人员，应该如何调整自身以适应时代的迅疾发展与凌厉挑战。

新媒体从业人员职业素养较传统媒体薄弱

众所周知，在新媒体时代，许多主流媒体正经历着数字转型的进程，"抢时效"更成了媒体编发新闻的重中之重。③ 在我们本次的调查中，"新闻工作必须一如既往地重视时效性"这一观点，几乎是所有从业人员的共识。④ 然

① ［德］马丁·布伯：《我与你》，陈维纲译，北京，商务印书馆，2015年，19页。

② 我们设计了相应的李克特五点量表（从1到5，得分越高表示越看重、越认可、越肯定、越符合自身的既有观念），加以详细测量。就"新闻报道永远无法再现真相"这一新闻理念而言，受访者对其的打分情况是：平均值2.5，标准差1.1。

③ 关于"时效性"话题，参见常江：《规范重组：数字媒体环境下的新闻伦理体系建构》，《新闻记者》2019年第8期。常江对美国、英国、瑞士三个国家共106位一线新闻从业者和数字新闻用户进行了半结构或无结构的深度访谈。一位来自瑞士的受访者称："当下新闻业的道德问题，几乎就是由新闻机构过分追求时效造成的，每一个新闻机构都想抢在同行之前提供信息以获得最大的收益，这不可避免导致新闻中存在比以往更多的错误，这种错误正在一点一点将新闻变成一个可笑的东西。"

④ 我们设计了相应的李克特五点量表（从1到5，得分越高表示越看重、越认可、越肯定、越符合自身的既有观念），加以详细测量。就"新闻工作必须一如既往地重视时效性"这一新闻理念而言，受访者对其的打分情况是：平均值4.3，标准差0.7。

而,“时效性”也是把“双刃剑”,新闻从业人员在追求时效的过程中往往会忽视新闻的质量。小而言之,错别字、语句不通等基础性文字错误屡见不鲜;大而言之,对新闻事实疏于必要的查验与核实。中国学者阴卫芝直言不讳地说:“多方信源、交叉核实、知情同意等早期的原则非但很难落实,新闻的核实几乎已经退回了底线。”[①]久而久之,给人们带来的印象似乎是“新媒体从业人员职业素养相比传统媒体要薄弱一些”,是这样吗?

图 3-2 清晰地告诉我们,包括传统媒体、数字化传统媒体、互联网媒体、自媒体等各类媒体在内,大多数新闻从业人员认为,“新媒体从业人员在新闻职业素养方面普遍较传统媒体薄弱”。而在持此观点的受访者中,数字化传统媒体从业人员占比最高,达 74.4%(详见图 3-2),他们亲眼见证并亲身经历了传统媒体的数字化转型过程,想必对传统媒体和新媒体工作人员的新闻职业素养有着更为直接与切近的感触,方才有此感悟。

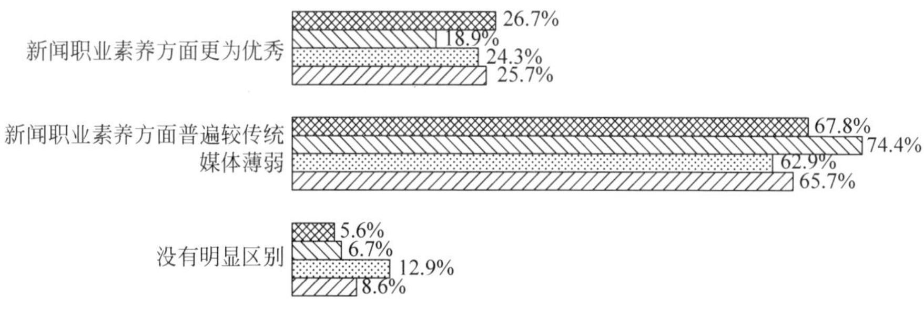

问卷调查:在您看来,较之传统媒体,新媒体中的新闻从业人员在新闻职业素养方面的表现如何?

图 3-2 新媒体从业人员在新闻职业素养方面的表现

很可能,有人认为,新媒体文字差错率较传统媒体高,其原因大概在于,对新媒体编辑的审核要求没有像对传统媒体编辑那样严格,因为传统媒体的白纸黑字一经发行即无法修正,但新闻网站、客户端、公众号都有后台修改功能,即使出现错误,也还能再行更正。不过,在笔者看来,低差错率终归是媒体的生命线,新媒体再“新”,它也始终是媒体,必须肩负责任,有所担

① 阴卫芝:《技术“裹挟”下的媒介伦理反思》,《新闻与写作》2019 年第 4 期。

当。同时，基于新媒体传播的迅疾特质，有些错误甚至来不及更正便被大肆传播开来，这样的情况绝非罕见，其社会影响自然是极其不好的。

不妨举例。2019 年 8 月中上旬，台风“利奇马”登陆中国江浙一带，且迅速北上，纵贯山东半岛。腾讯视频为了抢新闻，在 8 月 12 日推送了一则“头条新闻”，竟然写着：“山东省应急厅消息：台风利奇马已致全省人死亡，7 人失踪。”这样的错误，实在是令人不堪忍受！虽然腾讯视频后来马上加以纠正（应是“全省 5 人死亡，7 人失踪”），并向公众道歉，但其不良影响已然散布开来。尤其面对着天灾人亡的巨大悲痛，这般基础性错误实属不该。

未来新闻传播教育或趋多元

身处新媒体时代，“学新闻的不干新闻，干新闻的没学过新闻”经常成为人们的笑谈。其实，这倒也不是笑谈，而是存在的事实。新媒体岗位门槛不高，致使越来越多的非新闻专业人才拥入新闻行业当中，前文所述的“多主体”，正是此意。那么，就新闻传播学专业人才而言，这又意味着什么呢？新闻传播学专业人才，能否在新媒体相关工作中起主导作用？抑或反而被边缘化了？

由图 3-3 可以明显看出，对这个问题的认知莫衷一是。传统媒体、互联网媒体、自媒体从业人员中认为新闻传播学专业人才“起主导作用”和“较为边缘化”的受访者都各占约 4 成，几乎呈两极化分布之趋势；只有供职于数字化传统媒体的新闻从业人员对这个问题的回答有所偏向，认为“较为边缘化”的居多一些（30％认为“起主导作用”，40％认为“较为边缘化”，还有30％认为“没有区别”），但偏向也不太明显。总体而言，新闻从业人员对“新媒体中新闻传播学专业人才的地位”说法不一，难有定论。

在上述调查数据的启发之下，我们反倒坚持认为，在这样迅猛变迁的年代，新闻传播学的专业人才，在很大程度上，更不该迷失自己、罔顾自己、菲薄自己，而要不断提升自身素养，完善自身能力，以迎接全新挑战。

同时，本研究特别关注了受访者的专业背景。在 320 位受访者中，文学专业（含新闻传播学）背景在传统媒体、数字化传统媒体、互联网媒体、自媒

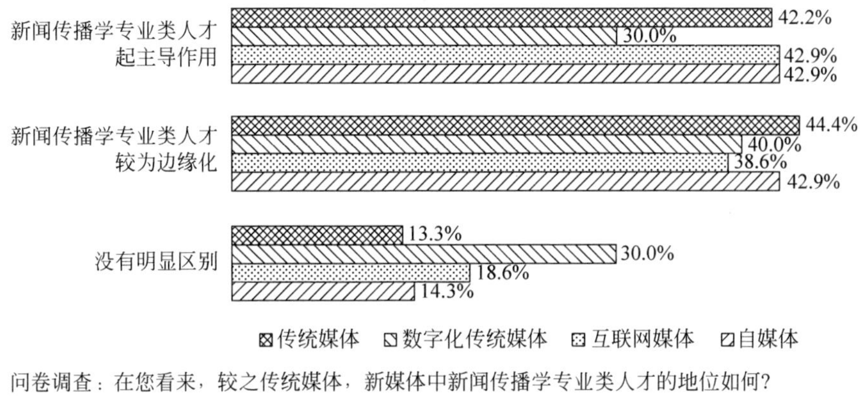

图 3-3 新媒体中新闻传播学专业人才的地位

体中分别占比 51.1%、52.2%、41.4%、40.0%，其他专业背景各有一些(详见图 3-4)。一眼望去，新闻从业人员的专业背景呈多元化布局，而绝不是文学专业背景完完全全的“一枝独秀”了。我们进而认为，这从侧面暗示了未来的新闻传播专业教育似乎也应该是更趋多元、不拘一格的。

特别值得注意的一个细节是，具有艺术学专业背景的新闻从业人员目前已占一定比例。总体而言，受访者中有 7.19%(详见第七章)的新闻从业人员有艺术学专业背景，而这个比例此前在传统媒体中一直是偏低的(大约仅为 4.4%)。美国学者塞缪尔·G.弗里德曼曾说：“伟大的新闻记者绝不会只停留在阅读报章杂志、收集新闻材料和收听新闻报道上，而会在文学、电影和爵士乐等伟大艺术中寻找养分和催化剂。”[①]不错，越来越多的新闻从业人员拥有艺术学专业背景，无疑为新闻这个旧行业注入了新活力，提振了新勇气，这毕竟是值得欢欣之事。

2019 年秋，中国人民大学新闻学院与中国人民大学艺术学院尝试着共同合开了一个实验班，两个学院的若干教师共同为这一个实验班的学生授课——这件事本身大概也可为我们此处的调查结果作一实际佐证。只不过，真正的工作做起来，也并非一帆风顺。艺术学院的同学们一般会有集中

① [美]塞缪尔·G.弗里德曼：《媒体的真相：致年轻记者》，梁岩、王星桥译，北京，中信出版社，2007 年，8 页。

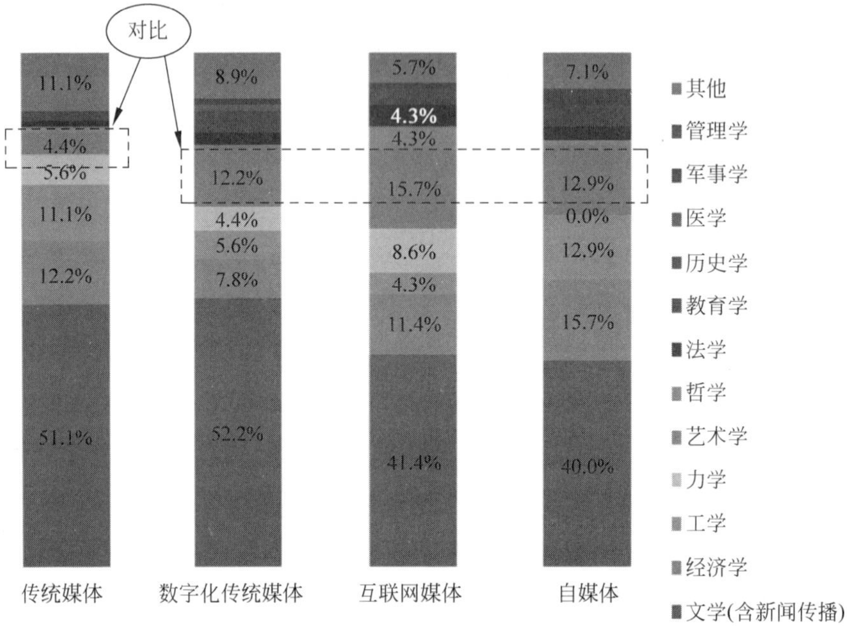

图 3-4 新闻从业者的专业背景

外出采风、写生的课程要求，新闻学院则往往要求同学们去新闻媒体进行实习，故而，两个学院的课程时间究竟该如何彼此协调，就不是一件容易办到的事了。中国人民大学新闻学院负责本科教学的几位老师——张辉锋、蒋秋榕、庄德莹老师——甚至为排课的事大伤脑筋，这都是发生在我们身边的实实在在的情况。当然，即使存在一些无可避免的踬踣，教育的大方向终归如此：融通与贯彻。

新闻从业人员知识焦虑状况普遍存在

面临“多主体”丛生的现状，特别是在新媒体领域，为了适应媒介技术的迅猛发展，新闻从业人员必须不断学习、充电，时刻武装自己的头脑。本研究发现，超过八成的新闻从业人员感到自己有“知识储备吃紧”的情况。其中，数字化传统媒体和自媒体从业人员焦虑感更高，九成以上都感觉“吃紧”，他们普遍渴望学习更多知识，尤其是针对新媒体技术进行专门学习。而在对传统媒体、数字化传统媒体、互联网媒体、自媒体四类媒体的对照研究中，数据显示，供职于数字化传统媒体的工作人员学习热情最高，超过其他三类媒体，这可能和他们“亲历”媒介转型的个人经历有关，始终抱有“不学习就会丢饭碗”的紧迫感。

中国学者李彪、赵睿在2017年发表过类似的调查报告，着意讨论了新闻从业人员职业转型的阻力。报告明确指出，最大的阻力不是别的，恰恰是“专业技能欠缺”，尤其是转型所需的知识及技能欠缺。李彪、赵睿做了有效样本为388人的调查，其中有58.8%的受访者表达了以上观点。[①] 换句话说，不学习新技能，就会丧失宽裕的择业退路。[②]

那么，话说回来，在“多主体”冲击和互联网技术迅猛发展的驱动之下，新闻从业人员最渴望学习的知识究竟是什么呢?

图3-5显示，就当前现状而言，新闻从业人员最希望学习的是“互联网营销知识”“编辑制作软件操作技术”“新媒体技术下的伦理法规知识”，分别占比18.3%、17.9%和16.4%。而曾经被高校普遍看好的“计算机编程技术”得分最低，仅占3.8%，当然，这并不是说编程技术不重要，而很可能与知识本身的难度有密切关系。编程技术相对而言太难了，令人望而却步。

在后续开放式的问答环节中，还有若干学习内容被受访者屡屡提及，主要是“传媒行业整体现状”“自媒体生态现状”“文字写作技巧”等。而被最多次提及的一项学习内容竟然是“受众心理学”，这不禁让人想起美国学者霍夫兰的告诫：“如果个体试图与他人建立有效的双向传播关系，那么他会

---

① 李彪、赵睿：《传统媒体从业者职业转型意愿研究——以北京、广州两地新闻从业者调查为例》，《编辑之友》2017年第6期。

② 只不过，这里的问题，也有其更为深刻的一面。中国学者夏倩芳、李婧指出：“由此而来的资本对劳动力的挤压、劳动者的去福利化、社会不公等矛盾，则被转化为个人必须承担的问题。尤其是，那些当代的劳动权困境被着意包装为劳动者必备的‘素质’，如抗压能力强、具有灵活性等。”参见夏倩芳、李婧：《媒体从业者的劳动权困境及其形塑机制》，《学术研究》2017年第4期。

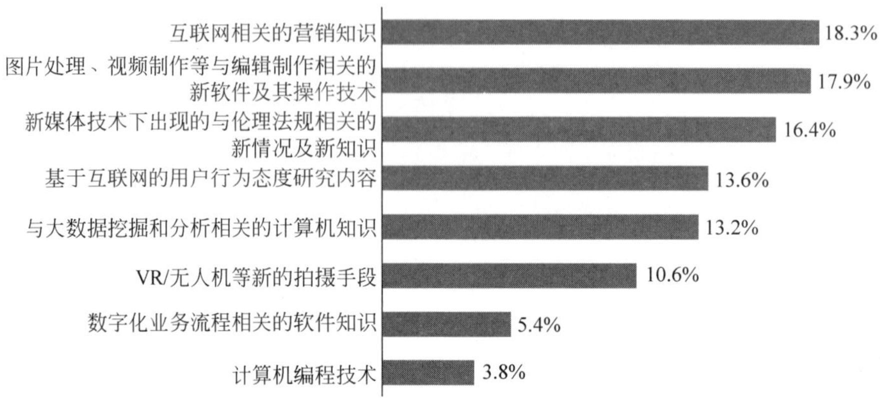

问卷调查：在您看来，当下需要学习的内容有哪些(多选)?

图 3-5　新闻从业人员渴望学习的与新媒体相关的知识

主动接受对方的评估标准。"[①]可以想见的情况是，阅读量、点赞量、评论数越来越成为新媒体时代考量新闻传播效果优劣、流量变现多寡的重要参数，故而从受众角度出发采编新闻，仿佛往往能够取得更佳的传播效益，这貌似也符合媒体运营与管理的大致思路。"大米和小米"创始人、前《南方都市报》记者姜英爽在 2017 年 3 月说过的一段话，尤为直截了当：

> 在传统媒体中，做新闻不知道服务了谁，得不到直接的反馈。所以传统媒体的新闻传播方式的消亡是必然的。真正的新闻应该是互相反馈、信任、增进的，是读者和记者交互深入的过程，这些我在做自媒体的时候深深地感受到了。而且我现在面向的领域是垂直性的，我能直接感受到服务对象的心痛，感受到他们的快乐。[②]

然而，值得深思的是——回到我们的调查数据上来——正如前文刚刚

① [美]卡尔·霍夫兰：《传播与劝服：关于态度转变的心理学研究》，张建中等译，北京，中国人民大学出版社，2015 年，14 页。

② 转引自陈楚洁：《"从前有一个记者，后来他去创业了"——媒体创业叙事与创业者认同建构》，《新闻记者》2018 年第 3 期。作为参照，可以考察下面这句引文。曾有一位电视制片人讲："我不认为干我们这一行的每一个人都知道谁是他们的观众。我认为如果任何人宣称他知道这一点，那就是自大。"参见[美]希伦·A. 洛厄里、梅尔文·L. 德弗勒：《大众传播效果研究的里程碑》，刘海龙等译，北京，中国人民大学出版社，2009 年，202-203 页。

论及的，若把“互联网营销知识”“编辑制作软件操作技术”“新媒体技术下的伦理法规知识”三者放在一起考虑，这几乎也就是一名“网红人士”所需的必备知识库了。简而言之，首都新闻从业人员的内心深处似乎普遍渴望着去当一名“网红”，这恰恰是本次调查所揭示出的实际状况。可是，我们的进一步追问也在这里：如果人人争当“网红”，那么，新闻专业意识将如何加以维护与彰显？果真，“内容定位从思想启蒙转向了生产迎合粉丝的争议性文章”？甚至于“做内容，关键要解决用户的七情六欲”？[①] 果真是如此情形吗？

理论疑问同时存在着。在同一个调查中，我们设计了另一个具体问题，请受访者对“新闻报道应该投受众之所好”这一观点打分。结果是，平均值仅为 2.4 分(1＝非常不认同，2＝不认同，3＝不确定，4＝认同，5＝非常认同，此题平均值为 2.4 分，标准差为 1.0 分)，即不认同这种观点。既要关注受众需求，又不能唯受众马首是瞻，这个“度”看来是非常不易把握的。或者干脆说，内心深处确实渴望当“网红”，但又不屑于当“网红”，此番纠结辗转，恰恰是目前新媒体发展大环境下新闻从业人员的如实心态写照。

简单的结语

随着媒体技术的高速发展与日益成熟，新闻业正经历着前所未有的动荡与变革。由于技术支持，新闻行业门槛逐步降低，从“只有记者能做新闻”到“人人都能做新闻”或曰“人人都有麦克风”[②]，新闻行业内拥入了数以万计的满怀热情的新闻从业人员，新闻工作本身也已逐步泛化为普遍存在的社会公共传播行为[③]。而与此相对的是，曾经风光无限的传统新闻媒体由于体

---

① 转引自陈楚洁：《“从前有一个记者，后来他去创业了”——媒体创业叙事与创业者认同建构》，《新闻记者》2018 年第 3 期。

② 我们设计了相应的李克特五点量表(从 1 到 5，得分越高表示越看重、越认可、越肯定、越符合自身的既有观念)，加以详细测量。就“‘人人都是记者’的时代已经降临”这一新闻理念而言，受访者对其的打分情况是：平均值 3.6，标准差 1.1。

③ 我们设计了相应的李克特五点量表(从 1 到 5，得分越高表示越看重、越认可、越肯定、越符合自身的既有观念)，加以详细测量。就“新闻工作本身已逐步泛化为普遍存在的社会公共传播行为”这一新闻理念而言，受访者对其的打分情况是：平均值 3.9，标准差 0.7。

制、薪资、发展等问题，面临职业人才大量流失的尴尬局面。也正是在这样的宏观背景下，我们才更要强调对“人”的关注、对“主体”的关注，而不能仅仅着眼于客观技术研究。①

诚如上文所言，初步数据显示，就北京地区而言，新闻从业人员的“多主体”情况被普遍认知，专业人才背景构成较为多元，而“多主体”又难免会导致从业人员新闻职业素养趋于薄弱，补救之道自然是持续学习，以互联网营销知识、软件技术为代表的新媒体知识目前最受新闻从业人员青睐。

同时可以料想，新闻从业人员的专业背景变化、技术要求变化，也必定为高校新闻教育指引了未来改革方向。面对时代挑战，高校必须与时俱进，方能培养出适应时代前行的新闻传播专业人才，从而不断促进我国新闻业的整体与长足的进步。

① 杨保军说：“一定得明白，技术决定的是新闻活动的方式，并非是新闻活动的本质。一定社会的新闻活动以怎样的方式展开，并不完全是由技术决定的，它只是其中的一个重要因素。”参见杨保军：《论作为宏观新闻规律的“技术主导律”》，《国际新闻界》2019 年第 8 期。

第四章

新闻从业人员的专业意识

第一节　新闻价值

处身于新媒体时代，移动媒体、社交媒体、智能媒体成为人们获取资讯信息的主要途径，自媒体的广泛出现大大降低了信息发布与传播的门槛。新闻传播方式的改变给新闻从业人员带来了巨大挑战，要求他们与时俱进，进一步提升新闻职业素养，从而为受众提供更具时效、更有质量的新闻资讯。那么，究竟什么样的新闻资讯，才值得新闻从业人员去报道？这就牵扯到了新闻价值。

新闻价值的相关问题，广义上属于新闻理论的讨论范畴，一直以来都是新闻学、传播学研究者讨论的关键内容。结合新媒体发展及当下时代变迁的实际情况，本研究希望能够针对不同类型媒体的新闻从业人员对新闻价值的认识展开较为深入的研究。

文献回顾与条目建构

新闻价值，显然是一个十分多义的概念，简单梳理一下新闻价值的定义是很有必要的。

早在20世纪80年代初，新闻价值就已经被人们“回忆”起来了。郑兴东在《新闻学论集》第 2、4、11 辑上发表三篇文章[①]，系统地阐述了新闻价值的相关理论。第一篇破旧立新，“新闻价值……这个概念本身并没有一定的阶级属性，我们尽可以拿来”。第二篇兼顾受众，“一条新闻如果是接受者所根本不需要的，也很难说得上具有多少新闻价值”。第三篇则从信息论的高度对新闻价值进行了全面概括：“新闻这种信息的最基本功能在于以最新的事实消除人们对现实的客观世界认识的不确定性。一个事实如果具有上述功能，就具有了新闻价值因素。从这个意义上可以说新闻价值就是事实所具有的这种特定的功能质。”除了郑兴东的文章，《新闻学论集》上关于新闻价值的重要文章还有：张志平《新闻价值论纲》（第 9 辑）、胡吉六《信息交叉与新闻价值——关于新闻价值思维空间若干问题的探讨》（第 11 辑）、喻国明《论新闻价值系统》（第 13 辑）等。这些文章从不同角度、不同侧面论述了新闻价值理论。譬如，张志平着重介绍了新闻价值这一概念得以成立的基础，即“记者在判断事实是否能构成新闻或价值大小时，也是因为他脑子里装着受众和社会，装着以往多次同类事物或相近的事物以新闻的形态传播后在社会上引起的反响和反应，绝不是从事物自身的变化直接判断其价值的”。学者们对新闻价值的看法都比较一致，这些看法也基本经受住了历史的考验。

21 世纪以来，李良荣、陈力丹二位学者的相关说法，被学界引用得颇为频繁。复旦大学李良荣提出，新闻价值就是事实本身所包含的引起公众共同兴趣的素质。这些素质主要包括时新性、重要性、显著性、接近性、趣味性。李良荣认为，一个事件只要具备了时新性再加其他任意一性，就有成为新闻的可能，而且，一个事件具备的素质越多，其新闻价值也就越高。[②]

中国人民大学陈力丹认为，新闻价值对接收者来说是对新近发生的事实的一种价值判断，即一种特殊的即时性信息效用。进一步地，陈力丹总结了新闻价值的十个可能要素：

(1) 事实发生的概率越小，便越有新闻价值；

① 这三篇文章是：《论新闻价值》《再论新闻价值》《新闻价值相关论》。

② 李良荣：《新闻学概论》，上海，复旦大学出版社，2001 年，262-265 页。

(2) 事实或状态的不确定性越大,减少不确定性的事实或信息便越具有新闻价值;

(3) 事实的发生与受众的利益越相关,便越具有新闻价值;

(4) 事实的影响力越大、影响面越广、越能立即产生影响力,便越具有新闻价值;

(5) 事实与接受者的心理距离越近,便越具有新闻价值;

(6) 著名人物或著名地点发生的事实,越具有新闻价值;

(7) 含有冲突因素越大的事实,越具有新闻价值;

(8) 越能表现人的情感的事实,越具有新闻价值;

(9) 越具有心理替代性的故事性事实,越具有新闻价值;

(10) 事实在比较中带来的反差越大,越具有新闻价值。①

——综上所述,李良荣、陈力丹两位学者的相关论述,构成了我们本次调查的基本出发点。根据既有文献,我们在研究中设计了 11 项条目,作为新闻价值要素的备选项(详见图 4-1 或表 4-1)。与此同时,我们为每一条目设计了相应的李克特五点量表(从 1 到 5,得分越高表示越看重、越认可、越肯定),加以详细测量,试图勾勒北京地区新闻从业人员对新闻价值诸要素的认知情况。

结果呈现

图 4-1 已经非常鲜明地将本次关于新闻价值诸要素的调查结果呈现出来了,总结起来,大致如下。

第一,最重要的、最被认可的新闻价值要素,是如下 4 个:

(1) 与受众的普通生活及切身利益的相关性、接近性;

(2) 事件自身的时效性;

(3) 是否提供了新的信息(尤指新的变动、异于往常的情况、小概率事件的发生);

---

① 陈力丹:《新闻理论十讲》,上海,复旦大学出版社,2008 年,35-47 页。

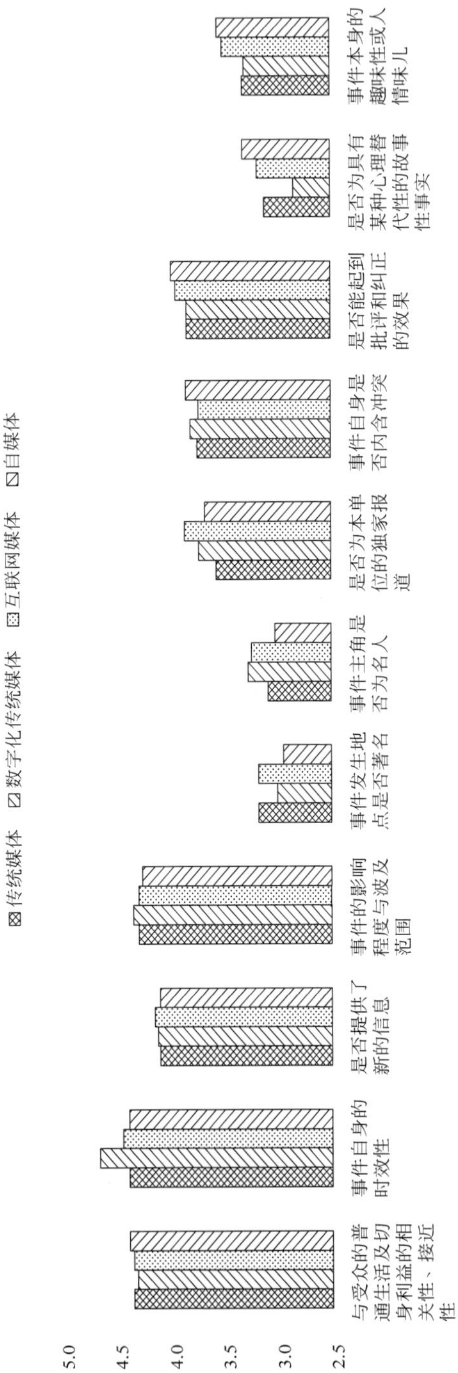

图 4-1　北京地区新闻从业人员对“新闻价值的要素”的认识

(4) 事件的影响程度与波及范围。

第二，不重要的、被认可程度较低的新闻价值要素，是如下 4 个：

(1) 事件发生地点是否著名；

(2) 事件主角是否为名人；

(3) 是否为具有某种心理替代性的故事性事实（如大团圆、英雄磨炼、有情人终成眷属等）；

(4) 事件本身的趣味性或人情味儿。

第三，居于中间梯队的，比较重要或曰比较被认可的，是如下 3 个：

(1) 是否为本单位的独家报道；

(2) 事件自身是否内含冲突（如辩论、争执、贸易战等）；

(3) 是否能起到批评和纠正的效果。

相关讨论

根据上述调查结果（详见图 4-1 或表 4-1），我们可以得出以下基本结论。

表 4-1　新闻价值诸要素得分一览

要素条目	平均值
A. 与受众的普通生活及切身利益的相关性、接近性	4.4
B. 事件自身的时效性	4.5
C. 是否提供了新的信息（尤指新的变动、异于往常的情况、小概率事件的发生）	4.1
D. 事件的影响程度与波及范围	4.3
E. 事件发生地点是否著名	3.1
F. 事件主角是否为名人	3.2
G. 是否为本单位的独家报道	3.7
H. 事件自身是否内含冲突（如辩论、争执、贸易战等）	3.8
I. 是否能起到批评和纠正的效果	3.9
J. 是否为具有某种心理替代性的故事性事实（如大团圆、英雄磨炼、有情人终成眷属等）	3.1
K. 事件本身的趣味性或人情味儿	3.4

第一，新闻价值诸要素之中，最关键、最重要、最被认可的要素依然是时效性（均值 4.5）与接近性（均值 4.4），这是颠扑不破的真理。[①] 李良荣曾认为，一个事件只要具备了时效性（李良荣称呼其为“时新性”），再加其他任意一性就有成为新闻的可能。这个判断依然是正确的。而且，数据显示，数字化转型之后的传统媒体对于时效性的追求尤为迫切，明显高于其他类型的媒体。

除了时效性、接近性，波及范围的大小（均值 4.3）、异常程度的高低（均值 4.1），也是非常关键的新闻价值要素。以上四个要素，就数据而言，已然占据了新闻价值诸要素的“半壁江山”。

2018 年 5 月 10 日，一名空姐乘坐滴滴顺风车遇害，当事人的父亲通过网络寻人等手段进行求助，广大群众对此事件感到非常震惊。时隔 3 个月，8 月 24 日，又发生了滴滴顺风车司机强奸杀人案件。为什么这一系列新闻如此受人瞩目？恰恰是因为，这一系列新闻契合了新闻价值要素，故而不可能不被各方关注，不可能不被高频度报道：关乎人民群众切身生命财产安全（接近性强）、事件一发生即被及时跟进（时效性强）、波及整个租车行业与乘客群体（波及范围大）、小概率事件竟然发生（异常程度高）。再如，2017 年发生的“红黄蓝”幼儿园虐童事件，这些新闻之所以成为热点，正是因为它们具有同样的素质：时效性强、接近性强、波及范围大、异常程度高。

2019 年夏秋时间，“生活垃圾分类”的相关新闻也特别引人注目。譬如上海，在 2019 年 7 月大举强力推行生活垃圾分类实施方案。再如安徽，2019 年 10 月中旬做了承诺，要求所辖各市在 2019 年年底之前完成生活垃圾分类实施方案。细细想来，时效性强、接近性强，不也还是这最关键的两项要素在起作用吗？当然，波及范围也大。2020 年以后，生活垃圾分类，应该是举国上下都要坚决实施的“基本国策”了，这毕竟是“为子孙谋福”的大事。

再譬如，2020 年 1 月 18 日，乌鲁木齐市有关媒体播发了“市级储备肉今

---

① 更有意思的是，据王斌、顾天成等学者的研究，用户原创内容（UGC）对新闻业的冲击，恰恰主要集中在时效性和接近性上。参见王斌、顾天成：《智媒时代新闻从业者的职业角色转型》，《新闻与写作》2019 年第 4 期。

起投放”的新闻，讲的也都是老百姓身边的事儿。有关新闻报道把投放的7种肉类的价格讲得特别具体——鲜羊肉48元/公斤，鲜牛肉56元/公斤，冻羊肉37元/公斤，冻牛肉47元/公斤，冰鲜鸡肉14元/公斤，等等——然而，这不恰恰就是读者最感兴趣也最迫切需要的新闻吗？

此外，“新的变动、异于往常的情况、小概率事件的发生”，这一条也值得在此单说几句。一些事件，坦率地讲，谈不上什么接近性，但因事件本身奇异、罕见，所以也具备了新闻价值，这是可以理解的。

第二，居中的几条要素，能够起到一定的辅助作用，但似乎尚不是新闻从业人员的考量重点。新闻报道能否起到批评和纠正的效果？有效果自然好，没有也无所谓。2018年夏登上微博热搜榜单的“高铁霸座”系列事件，便是很好的例证。新闻工作所实现的舆论监督功能只能是“软监督”，它只能是说服性的、论理性的，而不能是强制性的、结论性的。能把这件事情原原本本报道出来，新闻工作者的职责便已完成。指望着一旦报道了某事，就一定会使被报道对象受到惩罚——这种指望本身就是不正确的，是对新闻工作的职能的误识（对舆论监督的具体讨论，详见第四章第三节）。至于独家报道与否，至多也只是一个辅助要素，无法将其作为核心要素加以对待，因为在当下的新媒体时代，独家报道确实已经越来越难以做到了。①

第三，不重要的或曰被认可程度较低的几条要素，在我们看来，也是大有因可循的。首先，知名人物、知名地点，非常不重要，得分垫底。这恰恰说明，在新闻报道中，“事”永远大于“人”，新闻报道大体而言只能是“因事而见人”，却大概不会“因人而见事”。其次，心理替代性、趣味性、人情味儿，这几个要素得分很低，因为它们似乎都存在定义不清的问题，即无法确认什么叫替代性？什么又叫人情味儿？而且，据笔者揣想，心理替代性、趣味性、人情

① 范以锦评论说：“如今新闻的同质化越来越突出，有客观原因，主要是网络的大传播中各媒体很难找到独家新闻，但是如果有专业精神也不至于做成这样。新闻幕后的延伸、背景的挖掘是可以找到新的素材和亮点，即便信息内容一样，但报道的角度和呈现的观点、视角是可以不一样的。”参见范以锦：《新环境下媒体人的价值与理想追求》，《新闻战线》2016年第5期。

味儿，这几个要素似乎还会导向另外的深奥问题：新闻文体（体裁与题材）的边界问题。也就是说，如果把心理替代性、趣味性、人情味儿抬举得太高，反而会导致新闻的“软化”与“矮化”。故此，新闻从业人员将心理替代性、趣味性、人情味儿这几个要素排序靠后，也是多多少少符合了专业意识的，即新闻工作的本质属性依然是信息披露（information-delivering），而不是故事讲述（story-telling）。更值得留意的一个微妙细节是，自媒体的新闻从业者对心理替代性、趣味性、人情味儿打分偏高，这是否恰恰说明了自媒体的某种与生俱来的、迥异于传统媒体的特性，即强调叙事技巧，强调阅读感觉，强调情感共鸣，却往往忽略事实本身？这个微妙细节，值得再加详审。中国学者李艳红曾讲过：“学者们还发现，网络新闻比传统新闻更具煽情取向。”[①] 黄河在比较了专业新闻媒体与自媒体的若干特性后也试图指出：“受专业新闻观念的影响，新闻媒体往往重事实、轻评论，而网民受简单化的思维惰性影响，更容易接受情感判断而非事实逻辑。”[②]王斌等学者说：“讲述客观事实的硬新闻难以引发舆论关注，诉诸情感或个人价值观的软新闻更容易在几秒钟内引起共鸣进而成为传播‘爆款’。”[③]我们此刻的调查结果，似乎也在一定程度上，以一种不同的视角，约略佐证了李艳红、黄河、王斌等学者的上述观点。

不错，我们应该分明认识到，随着媒体技术的高速发展与日益成熟，新闻工作本身已逐步泛化为普遍存在的社会公共传播行为。[④] 也正是在这样的宏观背景下，我们必须强调对“新闻价值”的关注。到底新闻传播的目标追求是什么？什么样的事实最能引起公众的共同兴趣？特殊的即时性信息

---

① 李艳红：《重塑专业还是远离专业？——从伦理和评价维度解析网络新闻业的职业模式》，《新闻记者》2013年第2期。

② 黄河、康宁：《移动互联网环境下群体极化的特征和生发机制——基于“江歌案”移动端媒体文本和网民评论的内容分析》，《国际新闻界》2019年第2期。

③ 王斌、程思琪：《反推式变革：数字环境中的新闻消费特点和转型路径》，《编辑之友》2018年第12期。

④ 我们设计了相应的李克特五点量表（从1到5，得分越高表示越看重、越认可、越肯定、越符合自身的既有观念），加以详细测量。就“新闻工作本身已逐步泛化为普遍存在的社会公共传播行为”这一新闻理念而言，受访者对其的打分情况是：平均值3.9，标准差0.7。

效用究竟如何体现？诚然，从更为宏观的理论视角看，我们此处讨论的新闻价值要素种种，其论述前提依然是传统的“把关人”理论，即认为，新闻从业人员的工作，正是从大量的信息中做出筛选，以决定哪些信息是受众愿意接受的。然而，处身于当下时代，用户反馈数据的出现，事实上已使一直以来被普遍认可的新闻价值理论出现了较大波动。说得直白一点，诸如“什么样的事实最能引起公众的共同兴趣”这样的问题，恐怕单靠新闻从业人员的主观想象与自身判断，已经无法回答了，或者说，就算回答了，也意义微薄。王斌、顾天成等学者的相关论述极有见地：

> 用户反馈数据不仅存在数字的量化统计，还存在对用户性别、年龄、手机型号、新闻消费的时段和地点的记录。这些用户画像的组成部分从微观到宏观依次列开，都是影响新闻业的新颖因素，它们影响着新闻从业者的职业判断，使得新闻从业者无法再根据自己的个人价值观和对目标受众的想象去行使“把关人”或“守门人”的角色。[①]

王斌、顾天成等学者的相关论述，自是有其深刻洞见的。倘若个人价值观和对目标受众的想象，都已然无法再成为新闻工作中的若干依凭标准，那么，作为“把关人”或“守门人”的新闻从业人员，其新闻实践又将何去何从？这是否算得上是“扩充新闻源采集的想象力外沿”[②]？建立在“把关人”理论之上的新闻价值要素之讲法种种，又将会被如何改写，抑或重誊？

第二节 职业角色

新闻从业人员对自身职业角色的认知，一直是影响新闻从业人员日常新闻工作的重要因素。对于学术研究而言，调查新闻从业人员的职业角色

① 王斌、顾天成：《智媒时代新闻从业者的职业角色转型》，《新闻与写作》2019 年第 4 期。

② 潘曙雅、张璇：《智媒时代新闻采编业务的重构》，《新闻与写作》2018 年第 4 期。

认知，自然是研究新闻从业人员专业意识的重要指标。

我国的新闻从业者职业角色研究兴起于 20 世纪 90 年代，积累了丰富的研究成果。喻国明、周裕琼、陆晔与俞卫东、张志安与吴涛、陈阳等学者均进行了全国或某一地区范围内的新闻从业人员职业角色研究。研究普遍显示，我国新闻从业人员职业角色认知与西方新闻从业人员的认知存在不同。[①]

概念阐释

在设计问卷之初，我们对新闻从业人员的职业角色进行了简单分类，分类标准参考并承袭了陈阳 2006 年在《当下中国记者职业角色的变迁轨迹——宣传者、参与者、营利者和观察者》一文中的观点。[②]

陈阳认为，中国新闻界出现了四种职业角色：宣传者、参与者、营利者、观察者。第一种是我国新闻界主流传统对记者角色的规定，后三种都是在 1978 年改革开放之后逐渐出现或重新出现的。以上四种职业角色共存于我国新闻界中，灵活而不居，从业者会依据具体形式而及时调整自己的状态。在我们看来，陈阳对从业者职业角色分类的标准存在较大合理性，可以继续加以沿用。一般而言，来源于党报传统的宣传者角色与来源于儒家传统的参与者角色在中国新闻传播业内影响深远，在未来较长一段时间之内仍将是中国新闻从业人员的主要职业角色；而营利者与观察者角色亦不是无根浮萍，随着中国市场经济改革进一步深化及西方新闻活动原则或伦理的不断传布，它们的影响势必进一步拓宽与加深。

---

① 参见陈阳：《当下中国记者职业角色的变迁轨迹——宣传者、参与者、营利者和观察者》，《国际新闻界》2006 年第 12 期。复可参见陆晔、俞卫东：《传媒人的职业理想——2002 上海新闻从业者调查报告之二》，《新闻记者》2003 年第 2 期。复可参见张志安、吴涛：《"宣传者"与"监督者"的双重式微——中国新闻从业者媒介角色认知、变迁及影响因素》，《国际新闻界》2014 年第 6 期。复可参见周裕琼：《互联网使用对中国记者媒介角色认知的影响》，《新闻大学》2008 年第 1 期。复可参见喻国明：《角色认知与职业意识——中国新闻工作者职业意识与职业道德抽样调查报告(之一)》，《青年记者》1998 年第 2 期。

② 陈阳：《当下中国记者职业角色的变迁轨迹——宣传者、参与者、营利者和观察者》，《国际新闻界》2006 年第 12 期。

因此，本研究亦将新闻从业人员职业角色姑且划分为宣传者、参与者、营利者、观察者四类。

宣传者来源于我国的党报传统。从1942年《解放日报》改版到目前新闻业实况，作为宣传者的新闻工作者角色一直被加以强调。宣传者这一角色赋予新闻从业人员传递党的方针政策、对人民群众进行有效引导等职责。尽管处于互联网高速发展、受众地位不断上升的时代大潮之中，宣传者角色仍将受众视为“受启蒙的大众”。

参与者在很大程度上与儒家提倡“积极入世”的思想有关。[①] 对参与者角色的最佳概括，莫过于“铁肩担道义，妙手著文章”这十字珠玑。将自身视为参与者的新闻从业人员，以推动社会变迁、提供理性观点为己任，其受众观与宣传者类似，均将新闻从业人员放在了高于受众的地位之上。

营利者在本研究的分类中有着特定含义，指那些将商业利润看作信息生产唯一目的、当商业利润和社会责任冲突时选择优先考虑商业利润的从业者，仿佛带有一定负面色彩。就营利者的视角而言，受众能够极大程度地影响营利者究竟赢利与否，因此，照理论逻辑推演来说，受众的地位是高于营利者自身的。

观察者这一角色将自身的主要职能定义为单纯记录新闻事件、提供事实性信息。观察者将受众看作有判断力的独立个人，认为只需提供足够信息，受众便可进行理性判断。

需要澄清的是，职业角色的起承转合，宛如一条河流，不能被彻底割裂地看待。当下新闻业的现实情况恰恰是多重角色并立，这些职业角色更应该被看作多多少少纠缠在一起的整体，因而对其进行详细分类也仅是出于研究其内部权重的一个相对而言行之有效的方法而已。

---

① 此处不妨延展着参考一下冯友兰对儒家的一段精彩评述，他说：“儒家的观念是理想主义的，法家的观念是现实主义的。正由于这个缘故，所以在中国历史上，儒家总是指责法家卑鄙、粗野，法家总是指责儒家迂腐、空谈。”参见冯友兰：《中国哲学简史》，北京，北京大学出版社，2013年，160页。

结果呈现

调查数据显示(详见图 4-2),受访的新闻从业人员认为其所承担的“社会角色”如下：

首先是宣传者(有 44.7%的受访者将“宣传者”放在首位)；

第二是参与者(有 46.6%的受访者将“参与者”放在第二位)；

第三是观察者(有 38.4%的受访者将“观察者”放在第三位)；

最后是营利者(有 76.3%的受访者将“营利者”放在末位)。

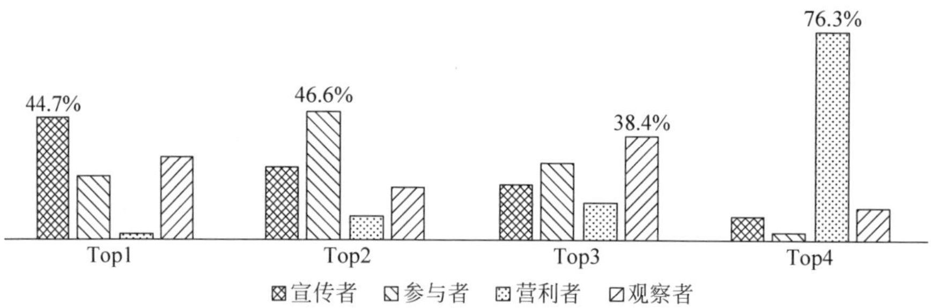

图 4-2 北京地区新闻从业人员对职业角色认知的排序

尽管此次受访的从业人员所属的媒体属性存在极大差异,其职业角色的自我认知却大多呈现出“宣传者>参与者>观察者>营利者”的排序方式(详见图 4-3)。进一步分析,可以发现三点尤其值得留意之处。

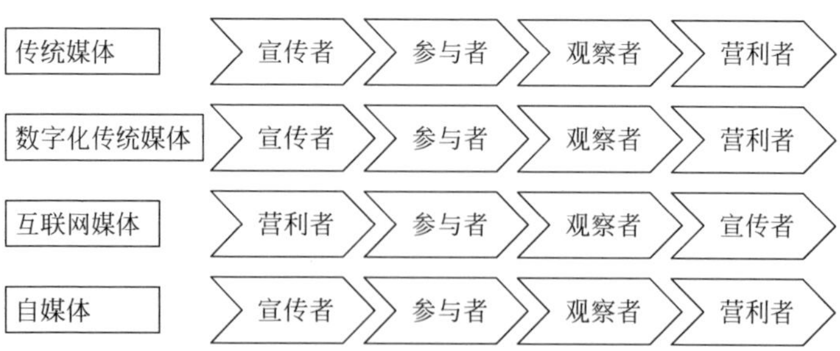

图 4-3 北京地区不同类型媒体新闻从业人员对职业角色的排序

第一,在本次调查中,宣传者与参与者比例非常相近。将宣传者排在第一/第二位的比例达到了70.9%，将参与者排在第一/第二位的比例为69.7%，数据极为接近。由此可以断言，大约70%的受访者将宣传者和参与者的优先级排在了其他角色之前。在我国现行的新闻体制下，宣传者与参与者两个角色之间的关系非常紧密，重叠程度也颇高，几乎难分伯仲。我们甚至揣想，或许也有这样的可能，即考虑到具体的文化与政治原因，新闻从业者在宣传者与参与者这两个角色之间相互转换的成本想必亦较低，并无太多壁垒。

第二，观察者排序为第三，但仍有30.3%的受访者将其排在了第一序位。这个情况耐人琢磨。也就是说，观察者角色的数据离散程度比较高，故而难以一概而论。我们都晓得，数据的集中程度越高，越可以"一概而论"；数据的离散程度越高，越不可以"一概而论"。

第三，营利者排名最后，且比例超过75%，即超过四分之三的受访者把营利者排在末位。我们认为，一方面这与我国现行的新闻体制下营利与否并不是新闻从业人员最关心的问题有关，另一方面这似乎也与我国"不言利""不谈钱"的文化传统及受访者"自我拔高"的心理因素有关。问卷中给出的营利者定义本身带有一定负面含义(明显带有"利大于义"的味道)，也有可能会影响受访者的选择，致使营利者成为"最不受待见"的角色类型。

前文已述，为了更好地研究角色认知问题，我们将媒体类型进一步划分为传统媒体、数字化传统媒体、互联网媒体、自媒体四类。通过对上述四类新闻媒体新闻从业人员的进一步分析，我们发现了更值得深思的现象：传统媒体、数字化传统媒体、自媒体从业人员的排序完全一致，都是"宣传者>参与者>观察者>营利者"的次序；然而，供职于互联网媒体的从业人员则将营利者排到了第一，将宣传者放在了最末，构成了"营利者>参与者>观察者>宣传者"的次序(详见图4-3)。

显而易见，媒体类型的差异是影响新闻从业人员职业角色认知的重要因素。具体而言，以下两点看法，此处或可一谈。

第一，从媒体属性上看，与互联网媒体本质更为接近的自媒体，其新闻从业人员的角色认知结果反而与传统媒体、数字化传统媒体更为接近。为什么？一方面，当前的自媒体大多是已然经过市场激烈竞争而存活下来的精英媒体[①]，其从业者尤其是组织的领导者大多有着在传统媒体的供职经历。潜移默化之下，自媒体从业人员的自我职业角色认知也会自觉或不自觉地受到传统媒体的影响。另一方面，在笔者看来，当下的新闻传播环境也让自媒体从业人员自觉跟上传统媒体、数字化传统媒体的步伐，不敢擅自掉队。

第二，互联网媒体从业者将营利者与宣传者次序倒置（详见图 4-3），这一情况的出现，或许与互联网用户激增、网络新闻业的蓬勃兴起关系密切。事实上，正如我们所知悉的：记者职业角色与其受众观总是保持着一致，记者怎样定位受众，就相应地怎样定位自己。随着互联网用户的不断增加，互联网受众的潜力不断被发掘，对此最为敏感的——譬如今日头条等[②]——互联网信息聚合平台自然会愈加重视受众的价值，身处互联网媒体之中的从业者主动向“营利者”这一角色靠拢也就不难理解了。即便是在问卷本身对营利者定义（问卷对营利者的定义是：信息生产的目的是获取商业利润）带有一定负面色彩的情形之下，大部分互联网媒体从业者仍选择将营利者置于职业角色认知之首，倒也在情理之中。王斌、顾天成等学者曾直言：“对于诞生伊始就存在于平台型媒体的互联网新闻编辑部，存在唯用户反馈数

① 关于这个话题，可参见陈楚洁：《“从前有一个记者，后来他去创业了”——媒体创业叙事与创业者认同建构》，《新闻记者》2018 年第 3 期。陈楚洁说，所谓媒体创业的“黄金时代”是短暂的，媒体创业者的生存法则仍然是残酷的优胜劣汰。复可参见李良荣、郭雅静：《三足鼎立下的网络媒体的态势及其治理之策》，《国际新闻界》2019 年第 10 期。李良荣、郭雅静说：“自媒体在当下、未来基本上不可能获得新闻采访权和政府的财政补贴，也不可能拥有民媒那样的技术优势和资本优势。虽然有些头部自媒体获得融资，但只是九牛一毛。而且，2000 余万家自媒体，为生存而战，市场竞争之激烈是常人难以想象的。经过 2016 年自媒体井喷式增长，2018 年以后，‘流量获取难度加大’和‘阅读量增长趋缓’成为限制微信公众号发展的最大难点。”

② 今日头条是一款基于数据挖掘技术的个性化推荐引擎产品，它于 2012 年 8 月上线。与国外的同类产品 BuzzFeed（嗡嗡喂）不同，今日头条并没有采编人员，也不直接生产内容，更像是一个内容仓库，吸引不同内容生产者入驻，并通过算法记录用户阅读轨迹，再根据用户喜好进行个性化推荐。参见王斌、顾天成：《智媒时代新闻从业者的职业角色转型》，《新闻与写作》2019 年第 4 期。复可参见潘曙雅、张璇：《智媒时代新闻采编业务的重构》，《新闻与写作》2018 年第 4 期。复可参见李良荣、郭雅静：《三足鼎立下的网络媒体的态势及其治理之策》，《国际新闻界》2019 年第 10 期。李良荣、郭雅静有一个实实在在的评价：“今日头条，其月活跃用户数量是人民日报的 62.8 倍。”

据马首是瞻的使用倾向。……他们的基础工作任务便是以流量为指针的。”[①]只不过，话虽如此，正如前文已经述说了的，作为对照，在同一个调查中，我们设计了另一个具体问题，请受访者对“新闻报道应该投受众之所好”这一观点打分，平均得分仅为 2.4 分(1＝非常不认同，2＝不认同，3＝不确定，4＝认同，5＝非常认同，此题平均值为 2.4 分，标准差为 1.0 分；而且，即令单独计算来自互联网媒体的受访者，其平均值同样是 2.4 分)，即不认同这种观点。既要关注受众需求，又不能唯受众马首是瞻，这个“度”究竟应该如何把握？

相关讨论

本次调查数据显示，北京地区新闻从业人员认为其所承担的职业角色首先是宣传者，第二是参与者，第三是观察者，最后才是营利者。这就意味着，新闻从业人员对自身“喉舌”角色的认知明显上升，而对“记录”角色的认知则趋于疲弱。[②] 总体而言，中国新闻从业人员的职业角色认知更倾向于“宣传”与“参与”，这与西方新闻从业人员的职业角色认知有较为明显的分歧，当然我们也并不该就此跌入“唯西方马首是瞻”的窠臼里去。

既然说到西方，我们还希望引用中国学者刘海龙对此的一段解释。刘海龙介绍说，外国学者提出了新闻工作中存在的两种职业角色认知——中立报道者和参与者。中立报道者(neutral reporter)的职业角色是伴随着客观性的出现而被确立的。相对地，参与者有时也被称作“鼓吹者”(advocate)，它不希望记者仅仅做客观记录，而是要求他们积极干预社会政治，推动社会向理想的目标前进。这种二元划分仿佛是极端了一些，但是如果就姑且按照

---

① 王斌、顾天成：《智媒时代新闻从业者的职业角色转型》，《新闻与写作》2019 年第 4 期。

② 此处应该具体参照张志安等学者的研究。参见张志安、吴涛：《“宣传者”与“监督者”的双重式微——中国新闻从业者媒介角色认知、变迁及影响因素》，《国际新闻界》2014 年第 6 期。张志安的调查结果，与我们此处的调查结果，是相矛盾的。张志安等学者在文章中称：“传统的宣传‘喉舌’角色明显下降，曾经的‘舆论’角色基本跌至谷底，而提供信息/报道事实的‘记录’角色始终占据最重要的评价位置。”我们此刻的调查数据结果，却恰恰不是这样的。

这种思路进行分析，其结论会是什么呢？刘海龙直率地指出：

> 中国自近代引入现代新闻事业以来，一直以救亡图强为己任，或者推动改革，或者启发民智，或者宣传鼓动，或者推动民主自由的实现。不论是站在政府一边还是站在政府的对立面，参与者的角色认知始终占据主导地位。随着媒体的商业化，中立者的角色逐渐出现，它对于参与者的主题先行式报道，是一个有益的平衡，至少有助于媒体更加向专业化方向发展。①

刘海龙的论述发人深省。具体到我们的研究中来，互联网媒体从业者恰恰就是这样一群新闻工作者，他们对“商业化”非常感兴趣，对“营利者”这一角色的重视程度与日俱增。仿佛，我们应当承认，以“营利者”自居的新闻从业人员对广大受众的地位的认识确实正在逐步上升，而且其媒体实践也不是没有可能会导致“中立者”角色的最终出现；但是，我们也要同时警惕，对“营利者”的过度的、排他性的重视，是否可能导致新闻内容过分低俗化、过分娱乐化等不良现象的出现？据李艳红、陈鹏等学者的细致研究，纯粹的商业主义目下正甚嚣尘上。② 仔细想来，谁能说这与“营利者”之实践素无瓜葛？李良荣、郭雅静等学者的担忧极其有道理，传媒业一味追求利润的结果其实是不可能不会伤及传媒业自身的：

> 市场资本的逻辑是追求利润的最大化，互联网传媒业如果只关注获取受众注意力，追求流量变现而忽视优质内容的供给和传播伦理的自律，会给社会安定带来祸害，最终也会因此失去受众的信任而行之不远。③

此时此刻，笔者坚持认为，当下的新闻传播环境不断变化，新闻从业人员对自身角色的认知亦会伴随环境的变化而产生相应变化。因此，未来的

---

① 刘海龙：《大众传播理论：范式与流派》，北京，中国人民大学出版社，2008 年，388 页。

② 李艳红、陈鹏：《“商业主义”统合与“专业主义”离场：数字化背景下中国新闻业转型的话语形构及其构成作用》，《国际新闻界》2016 年第 9 期。

③ 李良荣、郭雅静：《三足鼎立下的网络媒体的态势及其治理之策》，《国际新闻界》2019 年第 10 期。

新闻传播宏观环境与新闻从业人员具体的职业角色认知之间的关系问题，势必成为新闻传播研究的重要方向与核心课题。

第三节　社会功能

书接前文，新闻工作所承担的社会功能，是关涉"职业角色"的一个前提性问题，应该重点提及。

"角色"问题，广而言之，必然与"功能"问题牵扯在一道，难分彼此。甚至可以说，正因为一项工作被认为拥有这样的社会功能，这项工作才会对从业人员产生相应的感召力，召唤从业人员投身于如此这般的工作之中，这种"召唤"毋宁说恰恰是从业人员之职业角色被从业人员自身逐步加以认知或加以确证的前提一环。故而，对"新闻工作所承担社会功能"的认识状况进行调查，所获结果可以作为旁证对"职业角色"问题加以阐释，且能够披露出更多的深层信息。

其实，改革开放后，对于"新闻的社会功能"的讨论是无比急切的。以笔者最熟悉的《新闻学论集》为例，它所选择的理论文章，关乎"社会功能"的文章数量多，排位也靠前，基本集中在前几期上——这显然反映出人们急于解决这个问题的迫切心情。

《新闻学论集》第1辑第1篇文章——余致浚撰写的《论全党工作着重点转移后报纸的性质和任务》——就致力于讨论新闻的社会功能。余致浚认为："我们要把报纸从'阶级斗争工具'变成'经济教育工具'或者'实现四化的工具'。"甘惜分对此持相同观点，认为新闻事业"除了揭露阶级敌人、批判阶级敌人这一阶级斗争职能外"尚有"促进生产发展、教育人民……等职能"。[①]比探讨"新闻事业是不是阶级斗争工具"更深一层的探讨则围绕着"社会主

① 甘惜分：《关于新闻工作的客观规律问题》,《新闻学论集》第2辑。

义新闻事业是不是无产阶级专政的工具”这一问题展开。同时，也有学者已经意识到，新闻的主要社会功能应该是信息的流动与传递，“受众晓其事”才是其鹄的。譬如 1983 年《新闻学论集》第 6 辑发表题为《新闻事业产生、发展的动因在哪里？》的文章，指出：“过去我们过多地强调了不同时代、不同阶级所掌握的新闻事业的特殊性，忽视了那最基本、最一般的概念……只有当传播者和接受者对某一事实处在‘已知’和‘未知’这两种不同状态的时候，新闻活动才有存在的依据。就好像水的流动是由于水位差的存在一样。”

条目建构与结果呈现

此时，我们的研究依然采用李克特五点量表（从 1 到 5，得分越高表示越看重、越认可、越肯定）对数据加以测量。具体条目建构（详见表 4-2）主要参考了学者们的前期相关研究，此处不赘。[①]

表 4-2　新闻工作社会功能的条目建构与得分一览

具体条目	平均值
A. 报道新近发生的新闻事件，迅速地为受众提供新闻信息	4.6
B. 帮助人民了解党和政府的政策、方针、路线	4.5
C. 帮助人民实行针对政府、企业等主体的舆论监督	4.4
D. 引导公众舆论	4.0
E. 通过可靠报道来辟谣	4.5
F. 依据公众偏好来生产新闻	3.0
G. 对社会中的复杂问题提供分析和解释	4.2
H. 提高人民的知识文化水平	4.1
I. 支持国家（宏观）发展	4.4
J. 成为公众意见表达的平台	4.2
K. 提倡社会变革，摒弃社会陈习，推动社会发展	4.3

① 参见喻国明：《角色认知与职业意识——中国新闻工作者职业意识与职业道德抽样调查报告（之一）》，《青年记者》1998 年第 2 期。复可参见张志安、沈菲：《调查记者的择业动机及影响因素研究》，《新闻大学》2012 年第 4 期。复可参见张志安、沈菲：《调查记者的职业满意度及影响因素研究》，《新闻与传播研究》2012 年第 4 期。复可参见张志安、张京京、林功成：《新媒体环境下中国新闻从业者调查》，《当代传播》2014 年第 3 期。复可参见张志安、吴涛：《“宣传者”与“监督者”的双重式微——中国新闻从业者媒介角色认知、变迁及影响因素》，《国际新闻界》2014 年第 6 期。

续表

具体条目	平均值
L. 提供娱乐	3.0
M. 为受众的日常生活提供必要指引	4.0

本次调查所获数据显示(详见图 4-4 或表 4-2),得分最高即被认可度最高的五项“新闻工作所承担社会功能”分别是:

——“报道新近发生的新闻事件,迅速地为受众提供新闻信息”(均值 4.6);

——“帮助人民了解党和政府的政策、方针、路线”(均值 4.5);

——“通过可靠报道来辟谣”(均值 4.5);

——“帮助人民实行针对政府、企业等主体的舆论监督”(均值 4.4);

——“支持国家(宏观)发展”(均值 4.4)。

显而易见,上述社会功能的认知状况与职业角色的认知状况紧密挂钩。譬如,“帮助人民了解党和政府的政策、方针、路线”的社会功能,就是“宣传者”角色在日常工作中的具体体现,而“支持国家(宏观)发展”则彰显出了“参与者”的角色认知的特点。

无论如何,笔者认为,现下的当务之急恰恰是在观念上正本清源,在道路方向上扫除障碍。尽管中国有自己特殊的国情,但从总体方向上,我们应该把握住的一个基本观点是:新闻工作只是一种普通的社会职业,它并不高于也不低于其他职业,它有它所要承担的社会功能,亦即,它具备着其自身的社会有用性。[①]

关于新闻工作的社会功能的问题,张志安等学者在 2014 年(具体调查工作是 2012 年 11 月至 2013 年 3 月之间做的)发表的一篇有效样本量达 2109 的大型调查报告,值得再提。[②] 该报告最核心的一个调查结果是:新闻

---

① 我们设计了相应的李克特五点量表(从 1 到 5,得分越高表示越看重、越认可、越肯定、越符合自身的既有观念),加以详细测量。就“新闻报道是社会的黏合剂”这一新闻理念而言,受访者对其的打分情况是:平均值 3.9,标准差 0.7。

② 张志安、张京京、林功成:《新媒体环境下中国新闻从业者调查》,《当代传播》2014 年第 3 期。复可参见张志安、吴涛:《“宣传者”与“监督者”的双重式微——中国新闻从业者媒介角色认知、变迁及影响因素》,《国际新闻界》2014 年第 6 期。

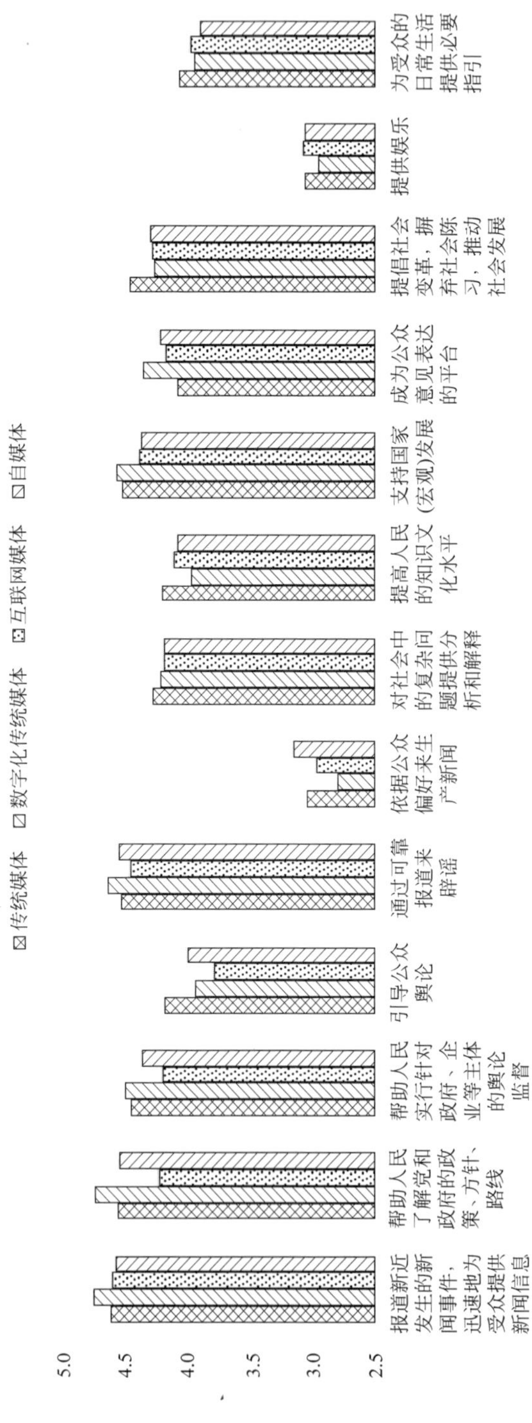

图 4-4 北京地区新闻从业人员对“新闻工作所承担的社会功能”的认识

从业者普遍认为，新闻媒介最重要的功能是提供信息。笔者认为，张志安等学者 2014 年获得的调查结果与我们 2018 年获得的调查结果是基本吻合的。只不过，我们当下的调查在规模上实在无法与张志安等学者开展的大型调查相媲美。

另外，我们此次的调查还设计了三个问题，请受访者大致区分新闻、宣传、信息、舆论这几样东西的异同。调查结果基本如下。仅就这三个问题而言，受访者普遍认为，新闻与信息的关系更密切（或曰水乳交融）一些，而与舆论、宣传则稍稍疏远一些（详见图 4-5、图 4-6、图 4-7）。

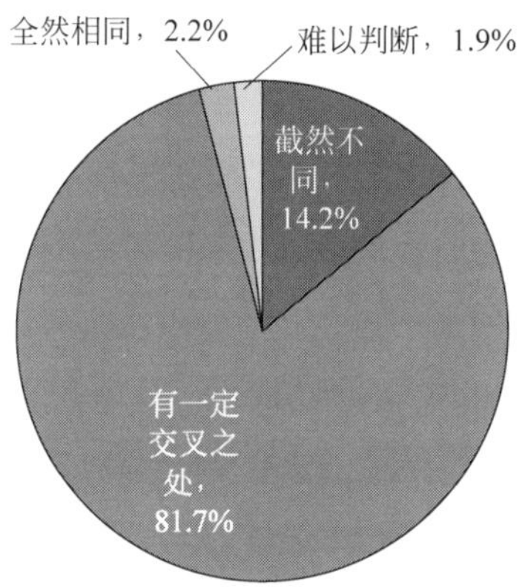

图 4-5　新闻工作与宣传工作之间的关系

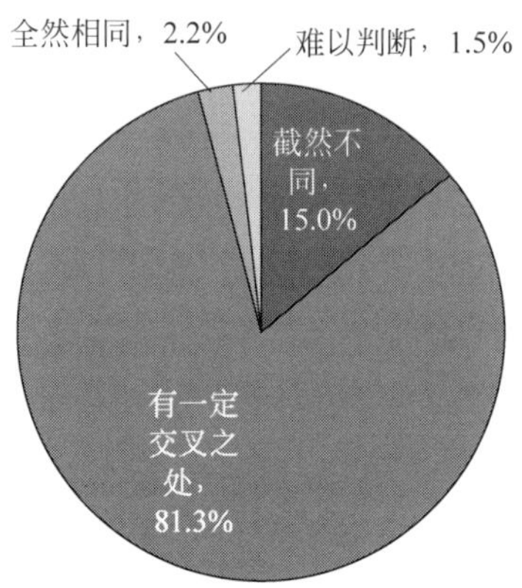

图 4-6　新闻与舆论之间的关系

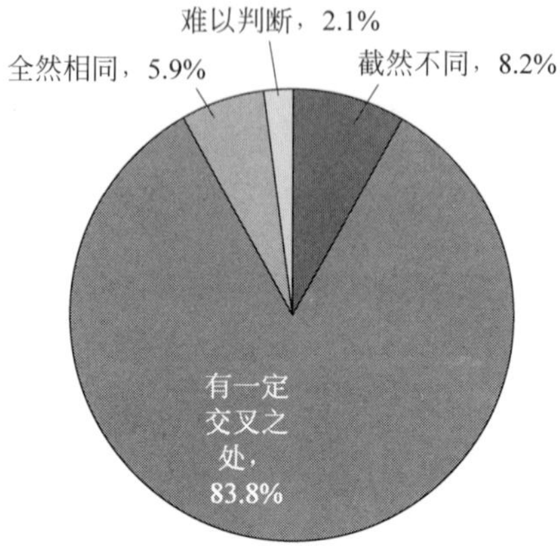

图 4-7 新闻与信息之间的关系

关于舆论监督的进一步讨论

对于上文提及的"帮助人民实行针对政府、企业等主体的舆论监督"的社会功能，有必要深入探讨。

必须明晓，舆论监督是一种没有强制力的"软监督"，亦即"公众监督"。舆论对党和政府进行监督的法律依据，是宪法赋予公民的言论自由权利和对于国家机关及其工作人员的批评建议权利。这种以权利为保障的监督，与我国监督体系中其他具有明显权力特征的监督形式，有质的差别。新闻批评和党组织与政府部门的通报、公告完全不同，新闻批评只能是说服性的、论理性的，而不能是强制性的、结论性的，更没有对被批评对象进行惩罚的功能。[①]

中国学者曹茹讲过一个例子，颇值得一观。有位刚刚从业一年的女记者，费了很大力气，采访并报道了一位 80 多岁老太太的事情。这个老太太有 5 个子女，可惜都不孝顺，他们谁都不愿意赡养老太太，老太太只能靠自己每日捡破烂为生。报道之后，这位女记者特别希望老太太的子女们能受

① 魏永征：《新闻传播法教程》，北京，中国人民大学出版社，2010 年第 3 版，53-54 页。

到惩罚，但实际上，除了老太太最终被她的一个本身生活状况也不是很好的女儿接走之外，并没有发生其他的什么事了。这位女记者于是感慨："感觉很没成就感。我再也不想干这行了，我觉得自己简直就是在浪费生命。"[①]对于这位女记者的感慨，我们可以追寻出别样的意味：第一，这位女记者的感慨，其本身，在狭义上，我们是可以体会和理解的。确实，谁不愿意看到一个"儿女从此孝顺和赡养老人"的圆满结局呢？但是，这个圆满结局并没有全然出现，那么，作为新闻报道者，这位女记者感到失望乃至愤懑，不能不说是情有可原的。第二，这位女记者的感慨，从一般意义上看，又是不必要的。其中的道理已很明了。新闻舆论监督是"软监督"，能把这件事情原原本本报道出来，新闻工作者的职责便已完成。指望着一旦报道了某事，就一定会使被报道对象受到惩罚，不如此就"没成就感""浪费生命"——这种指望本身就是不正确的，是对新闻工作、舆论监督工作的职能的误识。新闻工作不过是一种普通的社会职业，它所发挥的舆论监督功能也不过是一种普通社会职业所能够发挥的普通功能。曹茹所举的这个活生生的例子，对于我们深入理解新闻从业人员的职业角色认知，具有极大的启发意义。

关于网络谣言的进一步讨论

或许，对于"通过可靠报道来辟谣"这个功能，此处再多说几句也是非常必要的。法国学者多米尼克·吴尔敦曾经讲过："幻想是与互联网的壮举和空想相对应的。这个最大的自由空间同时也是最大的金融腐化、犯罪、黑手党和色情空间，也是最大的谣言仓库和舆论操纵仓库，因为网上的大部分信息都是未经验证的。"[②]多米尼克·吴尔敦的话讲得很好。而我们几乎可以接着多米尼克·吴尔敦的话讲，互联网越是日益发展，"最大的谣言仓库"想必越是更趋膨胀。

① 曹茹：《新闻从业者职业倦怠研究》，北京，中国传媒大学出版社，2008年，160-161页。

② [法]多米尼克·吴尔敦：《信息不等于传播》，宋嘉宁译，北京，中国传媒大学出版社，2012年，32页。

既然谣言——尤其是甚嚣尘上的网络谣言——充斥，那么，辟谣工作也就必然凸显出其实实在在的紧迫性了。从理论上说，值得关注的问题恰恰是：如何判定一则消息是不是谣言？紧接着，谣言、传言、流言、舆论、蜚语、小道消息等[①]，它们的区别又在哪里？提出这些问题，就必然牵扯到事情的另一面：新闻媒体的重大社会责任。毋宁说，对于网络谣言的抵制，不仅要靠人民群众的时时刻刻的理性思考，同时也必须依靠掌握着更为核心材料或一手材料的新闻媒体的及时辟谣，这是任何组织或个人都不会漠视也不能漠视的客观社会要求。

就新闻传播领域而言，人们信奉的圭臬是"意见的自由市场"和"真理的自我修正过程"[②]，这样的讲法，以今日眼光来看，依然正确。而之所以能够实现上述理想目标，其途径始终是也必须是信息的自由流通。所以，在这样一个传播技术日益飞腾的时代，在这样一个人际交流日趋便利的时代，及时、迅捷、精准、周全的信息传递，确确实实是任何一个信息发布部门——尤其是以信息提供为首要功能与首要任务的新闻媒体——必须力争达到的工作目标。就抵制网络谣言来说，这一工作目标的实现与达致，自然显得更为迫切与必要。或者，我们甚至可以认定，"通过可靠报道来辟谣"这个功能，正是"报道新近发生的新闻事件，迅速地为受众提供新闻信息"这个功能的必然延伸。2019 年末、2020 年初，"新型冠状病毒"(COVID-19)疫情的相关新闻报道，已经为我们提供了最痛切的案例：只有新闻信息的公开与透明，方才是遏止谣言的最有效利器。

无论如何，身处信息时代，"通过可靠报道来辟谣"，作为新闻工作所承担的一项社会功能，被赋予如此这般的重要性与必要性，是完全可以理解的。

---

① 这方面的各种讨论，实在是汗牛充栋的。这里仅举一例。法国学者塔尔德说过这样的话，很有深意："公共头脑有三个分支——传统、理性和舆论；在三者之中，舆论是最后形成的，但也是稍后最容易成长的，而且它的成长要以牺牲其他两个分支为代价。"参见[法]加布里埃尔·塔尔德：《传播与社会影响》，何道宽译，北京，中国人民大学出版社，2005 年，230 页。

② 参见黄建新：《传媒：自由与责任——西方"报刊的社会责任理论"解读》，上海，上海交通大学出版社，2010 年，9-10 页、110 页。

第四节　择 业 动 机

近年来，新闻行业正经历着前所未有的动荡与变革。由于技术支持，新闻行业门槛逐步降低，行业内拥入了数以万计的满怀热情的新闻从业者。与此相对的是，传统媒体由于体制、薪资、发展等问题，存在职业人才大量流失的窘迫局面。毋庸置疑，"主体"已经变得更加多元、繁复、驳杂了。在这样"众声喧哗"的时代，新闻媒体和新闻工作者自身的角色功能和角色定位更应该被重新考虑，传统的新闻生产主体和互联网新闻生产场域中的其他主体之间的关系必然成为新的议题。那么，可以想见的一个关键问题是：首都新闻从业人员在面临行业变革之时，其择业价值观较之以往是否也出现了调整与变动呢？这个问题绝非空谈或臆断。此前，《北京地区新闻从业者的职业选择观》等文章已经对上述问题做过细致研究。[①] 此时此刻，再次对北京新闻从业人员的择业动机进行调查，或可深化我们对北京地区新闻从业人员专业意识的进一步认识。

文献回顾与条目建构

以往的研究指出[②]，在市场因素驱动下，北京地区新闻从业人员更看重的是个体发展机会与个体利益，其中最看重的几个单项分别是"所在媒体的发展前景""实现个人理想的发挥空间""福利和薪水水平""是否符合自己的兴趣"，其次是"目前媒体的经营状况""媒体所在的城市""个人升迁的机会"等，这些项目大都属于"利益驱动"因素，即个人可以获得某种实实在在的报酬或好处。然而，张洪忠、何艳、许航的上述研究于 2006 年 7 月实施，十余

① 张洪忠、何艳、许航：《北京地区新闻从业者的职业选择观》，《新闻与写作》2007 年第 1 期。

② 张洪忠、何艳、许航：《北京地区新闻从业者的职业选择观》，《新闻与写作》2007 年第 1 期。

年来，此类研究不复多见，致使这一领域的研究数据较为匮乏。尤其近年来，新闻行业处在急速变化的过程之中，对当下北京地区新闻从业人员的择业动机及择业取向进行调研，切实掌握一手数据，就显得更为迫切与必需。

为准确调查北京地区新闻从业人员的择业动机，本次调查问卷的设计主要参照以往的新闻从业者研究[①]，从个人利益、个人理想或兴趣、行业前景三个角度进行预先分类，预设 14 项择业动机条目(详见表 4-3)。与此同时，设计相应的李克特五点量表(从 1 到 5，得分越高表示越看重、越认可、越肯定)，加以详细测量。

表 4-3　新闻工作择业动机的具体条目建构

分　类	具体动机
个人利益	A. 福利水平、薪酬水平
	B. 个人成名的机会
	C. 社会地位、受人尊敬的程度
	D. 工作压力大小
	E. 个人升迁的机会与速率
	F. 工作单位的人际关系(是否复杂)
个人理想或兴趣	G. 能够揭露社会问题、维护公平正义
	H. 能够传播新思想、启迪民心
	I. 能够表达民众的呼声
	J. 能够接触社会各个阶层
	K. 能够体验冒险、刺激、多元的生活
	L. 实现或培养写作(或摄影、摄像、编辑、编导等)兴趣
	M. 能够实现个人终极理想或人生远大抱负
行业前景	N. 新闻媒体(作为一个行业)自身的发展现状或发展前景

——具体来说，个人利益的角度，包括"福利水平、薪酬水平""个人成名的机会""社会地位、受人尊敬的程度""工作压力大小""个人升迁的机会与速率""工作单位的人际关系(是否复杂)"等条目。

——个人理想或兴趣的角度，包括"能够揭露社会问题、维护公平正义"

---

① 参见张洪忠、何艳、许航：《北京地区新闻从业者的职业选择观》，《新闻与写作》2007 年第 1 期。复可参见张志安、沈菲：《调查记者的择业动机及影响因素研究》，《新闻大学》2012 年第 4 期。

“能够传播新思想、启迪民心”“能够表达民众的呼声”“能够接触社会各个阶层”“能够体验冒险、刺激、多元的生活”“实现或培养写作(或摄影、摄像、编辑、编导等)兴趣”“能够实现个人终极理想或人生远大抱负”等条目。

——最后,就行业前景角度而言,我们仅设计了一项条目,即“新闻媒体(作为一个行业)自身的发展现状或发展前景”。

结果呈现

本次调查发现(详见表 4-4),亦即通过李克特五点量表的测量最终结果可见,新闻从业人员的择业动机之中,得分最高的、最重要的条目是:

——“能够传播新思想、启迪民心”(均值 4.18,标准差 0.7);

——“能够揭露社会问题、维护公平正义”(均值 4.17,标准差 0.7);

——“新闻媒体(作为一个行业)自身的发展现状或发展前景”(均值 4.15,标准差 0.8);

——“能够表达民众的呼声”(均值 4.15,标准差 0.8)。

表 4-4 新闻从业人员择业动机得分一览

排序	择业动机	均值	梯队
1	H. 能够传播新思想、启迪民心	4.18	第一梯队
2	G. 能够揭露社会问题、维护公平正义	4.17	
3	N. 新闻媒体(作为一个行业)自身的发展现状或发展前景	4.15	
4	I. 能够表达民众的呼声	4.15	
5	J. 能够接触社会各个阶层	4.05	第二梯队
6	L. 实现或培养写作(或摄影、摄像、编辑、编导等)兴趣	4.05	
7	M. 能够实现个人终极理想或人生远大抱负	4.03	
8	A. 福利水平、薪酬水平	3.90	
9	F. 工作单位的人际关系(是否复杂)	3.65	第三梯队
10	C. 社会地位、受人尊敬的程度	3.62	
11	K. 能够体验冒险、刺激、多元的生活	3.57	
12	E. 个人升迁的机会与速率	3.53	
13	D. 工作压力大小	3.33	
14	B. 个人成名的机会	3.01	

以上4项条目遥遥领先，明显属于第一梯队。而第二梯队的条目，也就是相对比较重要的条目，则主要集中于从业人员自己的理想或兴趣之上，如"能够接触社会各个阶层""实现或培养写作（或摄影、摄像、编辑、编导等）兴趣""能够实现个人终极理想或人生远大抱负"等。当然，第二梯队还包括一项非常重要的条目，即"福利水平、薪酬水平"。

而完全针对个人利益的择业动机，如"工作单位的人际关系（是否复杂）""社会地位、受人尊敬的程度""个人升迁的机会与速率""个人成名的机会"等，得分会更低一些，属于第三梯队。"个人成名的机会"排名垫底，"是否成名"最不被看重。

相关讨论

由是观之，北京地区新闻从业人员选择职业的动机具有以下三个重要特点。

第一，北京地区新闻从业人员具有较高的职业理想与较强的社会责任意识。此前的研究显示，北京地区新闻从业人员在市场的驱动下更看重的是个体发展机会与个体利益。[①] 但我们此次调查的数据显示——这与条目自身构建方式当然息息相关——当前从业者们从事新闻职业的个人功利目的有所降低，主要动机转变为实现职业目标与彰显职业价值，即通过揭露事实真相、反映社会问题、报道真实客观的新闻，来捍卫公众的权利，推动社会公平正义的实现，从而促进社会良性有序发展。这说明，即使在自媒体、社交媒体、智能媒体当道的大环境中，在北京选择从事新闻职业的人员对自身的职业角色尚有清晰的认知与理解。至少就思想意识层面而言，在北京选择从事新闻职业的人员确实具备应有的职业素质。

第二，个人能否实现个性化发展似乎已成为新闻从业人员在进行职业选择时加以考量的重要因素。在调查结果中，"能够接触社会各个阶层"和"实现或培养写作（或摄影、摄像、编辑、编导等）兴趣"得分均值同为4.05，

① 张洪忠、何艳、许航：《北京地区新闻从业者的职业选择观》，《新闻与写作》2007年第1期。

"能够实现个人终极理想或人生远大抱负"的得分均值为 4.03,较前两项仅低了 0.02。这说明,在新的媒介环境下,市场赋予从业者们多元化的选择空间,令"个人"概念尤其凸显。在新闻行业之中,从业人员的兴趣爱好、理想抱负这类因素对职业选择的影响力越来越大,甚至超过了福利、薪酬、社会地位、升迁机会等因素的影响力。我们似乎应该颔首承认,个人兴趣正逐步成为不可被忽视的关键因素。然而,据笔者揣想,不管是"能够接触社会各个阶层"还是"实现或培养写作(或摄影、摄像、编辑、编导等)兴趣"等具体动机,似乎又同时隐含着"我未必一直要做记者"的晦暗况味在内。时下,记者打造个人品牌过于艰难,如此现状是否直接导致了新闻从业人员的某种"铺路式"的择业动机的萌发与萦回?这些问题尤其值得深思。

第三,新闻行业的前景同样令人期待。我们在行业前景方面只设计了一项条目,虽不甚醒目,但该条目事实上得分很高(均值 4.15)。这说明,新闻职业是值得大家去担当的,也是被从业人员普遍看好的——可是,这一点又与刚刚提及的"铺路式"况味有矛盾。[①] 在深度互联网时代,"多主体"丛生的现状已经出现,甚至日趋显著,新闻从业人员群体的边界也变得愈加模糊起来,但若处置得当,这是否恰恰有助于公共利益的实现?无论如何,新闻,作为一个行业,其自身的发展现状或前景,始终值得期待。任何"唱衰"新闻业的论调,大概都站不住脚。

此外,与之相关,我们始终认为,当下的新闻传播环境不断变化,新闻从业人员对自身职业角色、新闻工作的社会功能的一系列认知,也会伴随环境的变化而产生相应变化。职业角色、社会功能、择业动机,三者永远是牵绊在一起的;如果不对三者之间的复杂勾连有清醒的认识并将其作为有关新闻实践的一切认识的起点,就绝不可能得出任何其他合理的结论;进一步地,如何在三者之间搭建出更为恰当与适合的理论津梁,自然也是新闻传播学者所应加以重视并付诸努力的用功方向。

---

① 此处提及的矛盾况味,可参见陶建杰、张涛:《上海地区新闻专业本科生的职业认同及其影响因素》,《国际新闻界》2016 年第 8 期。陶建杰、张涛的研究对象是大学生群体,其基本结论也是充满着某种尤其费人思量的矛盾况味的。陶建杰、张涛的文章称:"尽管大多数新闻专业学生对新闻专业有兴趣,但毕业后不太愿意从事此类工作。"

最后，我们希望重申，随着媒体技术的高速发展与日益成熟，新闻工作本身已逐步泛化为普遍存在的社会公共传播行为。① 正如学者们所高屋建瓴地加以勾勒的那般，“社会生活不再是铁板一块，而是相互穿插，交错互联，融合共生的。以之审视人类的新闻活动，我们会发现，不仅仅是职业新闻活动与非职业新闻活动间有融合之势，而且整体性的新闻活动也逐渐与其他社会活动相互交连、融合、共生，从一种专门性的、边界分明的活动融合、复归至人的生活世界中，成为生活世界中一种重要的生活资料乃至生活背景”。② 也正是在这样的宏观背景下，我们才要更加强调对“人”的关注、对“主体”的关注、对“主体的世界”的关注。本研究的要旨之一，亦在于明确指出上述意见。

第五节 影响新闻工作的若干要素

影响新闻工作的要素复杂而敏感，我们尝试着列举了一些（详见表4-5）。我们的题目本身，是如此设计的：“以下是一些对于‘对新闻工作产生影响的要素’的既有描述。请根据您的认识，对下列要素的影响程度进行打分。1＝完全没影响；2＝没影响；3＝不确定；4＝有影响；5＝影响非常大。即，数字越大，表示您认为这一要素影响越大。”

调查结果显示（详见表4-5），在新闻从业人员看来，宣传部门、审查制度、编辑方针、受众调查结果等要素，均会对新闻工作产生较大影响。这一调查结果，与一些学者之前的观察与阐述，似乎基本保持一致。譬如陈敏、张晓纯的文章曾引用《华商报》一位记者的话，指出，“现在我们的主流媒体上，或是市场化媒体上，有一个大框框的限制，一方面是审查”，“有些很有价

---

① 我们设计了相应的李克特五点量表（从1到5，得分越高表示越看重、越认可、越肯定、越符合自身的既有观念），加以详细测量。就“新闻工作本身已逐步泛化为普遍存在的社会公共传播行为”这一新闻理念而言，受访者对其的打分情况是：平均值3.9，标准差0.7。

② 李泓江、杨保军：《“液态”理论的旅行及其对新闻学研究的启示》，《社会科学战线》2019年第9期。类似的观点，复可参见宋小卫：《全媒体时代的“公共传播”与“注意义务”》，《当代传播》2019年第2期。

值的东西很有可能因为管制的原因而无法出来，造成我们可能要先自我审查”，“期望有一种更自由的表达”。但必须说明的是，记者们抱怨的对象通常是不明确的，对报道选题的干扰究竟来自哪里，是媒体内部自我审查居多，还是媒体外部干扰居多，抑或是其他情况，并没有特别清晰的指向。①

表 4-5 若干影响新闻工作的要素及得分一览

影响新闻工作的若干要素（条目）	传统媒体	数字化传统媒体	互联网媒体	自媒体
A. 宣传部门及各级政府机构	4.1	4.4	4.1	4.2
B. 个别政府官员	3.5	3.3	3.6	3.4
C. 审查制度	4.0	4.3	4.1	4.3
D. 广告因素	3.5	3.6	3.6	3.7
E. 发行量（或收视率、点击率等）的考虑	3.8	4.1	4.1	4.0
F. 所在新闻机构的管理层	4.0	4.2	3.9	4.0
G. 直接上司或编辑	4.0	3.9	3.9	4.0
H. 机构的编辑政策或方针	4.0	4.2	3.9	4.1
I. 所在新闻机构的投资者	3.5	3.8	3.7	3.7
J. 受众的主动反馈	3.8	3.8	3.9	4.0
K. 受众调查结果	3.8	3.8	4.0	4.0

此外，值得特别关注的是，就互联网媒体的从业人员而言，发行量（收视率、点击率）、受众调查结果的影响力比起其他因素更大一些（详见图 4-8）。而在传统媒体的从业人员看来，发行量（收视率、点击率）、受众调查结果的影响力并没有这么大。究其原因，互联网的“互动性”是造成这种现象的主因。作为一种具有提供互动可能的技术，互联网总是推动互联网媒体进一步挖掘其与受众互动的潜能，因此互联网媒体不得不密切关注点击率，也不得不密切关注受众调查结果。但是，点击率、受众调查结果的影响力变大了，到底是好是坏？这是柄双刃剑。好的方面自然是互动性的进一步增强，不必多说；不好的方面，则是有新闻媒体愈加无法独立于“大众意见”之可能。李艳红曾对此警告：

① 陈敏、张晓纯：《告别“黄金时代”——对 52 位传统媒体人离职告白的内容分析》，《新闻记者》2016 年第 2 期。

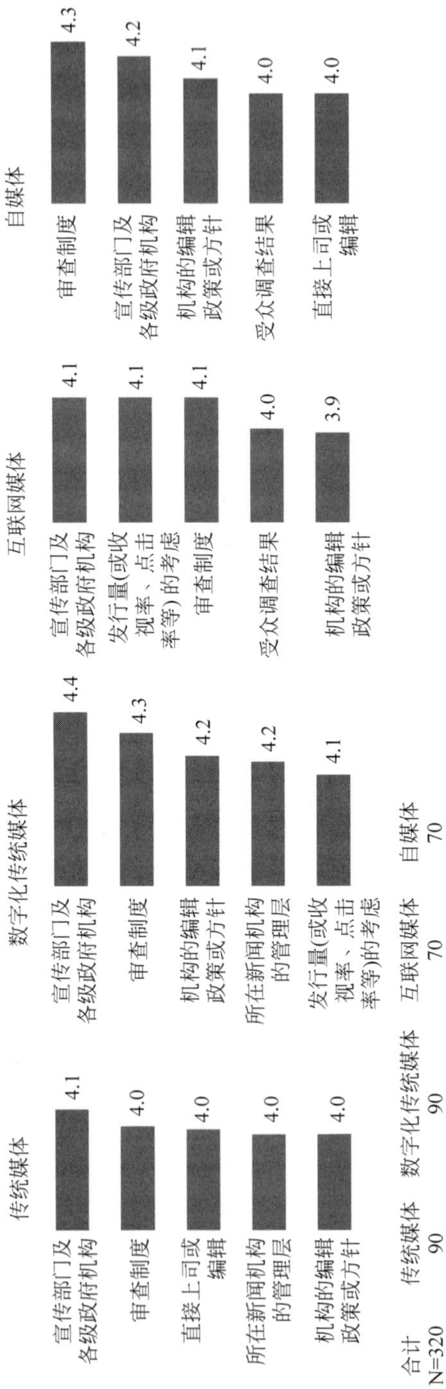

图 4-8 新闻从业人员对“对新闻工作产生影响的要素”的认识（前五名）

> 互联网的互动性最后可能导致了新闻生产更敏感地反应于舆论，受到受众意见的干扰，而无法坚持准确客观报道和独立判断。……互动性能的开拓反而使得在政经双重力量挤压下的新闻自主性又受到来自民粹力量的裹挟。①

——这话说得极其中肯且在理。然而，解决问题的良方在哪里？目前也依然莫衷一是。

在本节的最后，笔者愿意插入一个表格，其间罗列了对若干新闻理念的陈述。我们的题目是这么设计的："以下是一些关于'新闻观念或新闻理念'的既有描述。请根据您的认识，对下列描述是否符合您的既有观念进行打分。1＝非常不符合；2＝不符合；3＝不确定；4＝符合；5＝非常符合。即，数字越大，表示其越符合您的既有观念。"

根据我们的调查，具体结果如下(详见表4-6)，其中有真意，读者自可辨。

表4-6　若干"新闻观念或新闻理念"条目及得分一览

条　　目	平均值	标准差
A. 在新闻报道中，事实与观点无法拆分	3.3	1.0
B. 在遇到有争议的报道题材时，记者应保持对各方的平衡	3.9	0.9
C. 新闻报道永远无法再现真相	2.5	1.1
D. 相比于新闻信息的实际内容，新闻信息的来源事实上更为重要	3.6	1.0
E. 新闻从业人员是"无冕之王"	3.1	1.1
F. "人人都是记者"的时代已经降临	3.6	1.1
G. 新闻报道是社会的黏合剂	3.9	0.7
H. 新闻报道应该投受众之所好	2.4	1.0
I. 新闻报道应该更重视"亚文化"以及"弱势群体"	3.4	0.9
J. 图像报道远比文字报道更重要	2.8	0.9
K. 新闻从业人员不仅是"把关人"，也是"策划者"	3.6	0.9
L. 新闻报道模式的变革将更大程度地倚重传媒技术的发展	3.8	0.9
M. 新闻工作本身已逐步泛化为普遍存在的社会公共传播行为	3.9	0.7
N. 新闻工作必须一如既往地重视时效性	4.3	0.7
O. 一般的新闻报道无须讲求分析深度	2.6	1.0
P. 在专业新闻报道工作方面，智能机器人终将替代人类自身	2.3	1.0

① 李艳红：《重塑专业还是远离专业？——从伦理和评价维度解析网络新闻业的职业模式》，《新闻记者》2013年第2期。

第六节　对若干新闻伦理规范的认知

在新闻工作中，从业人员必须关注职业伦理，这是无人反对的。然而，此处的一个可能被提及的理论问题是，伦理与规范二者是什么关系？笔者认为，究其根本，职业伦理无非关注两个问题。第一个问题是，建构一套具体、明确、具有可操作性的职业规范；第二个问题是，对从业人员加以培训，使其明晓在面临伦理困境时该如何做选择。所以说，新闻职业规范本身就是新闻职业伦理的一部分，伦理与规范其实是不可分的，也没必要非得加以区分。英国学者亚当·斯密在《道德情操论》里写过这样的话："对一般行为准则的尊重，被恰当地称作责任感。"[①]可见，斯密也无不认为，对"责任感"这种伦理层面的美德的定义，乃是筑基在"行为准则"——也就是"行为规范"——上面的。因而，在下文的相关论述中，笔者没有再行区分职业伦理与职业规范，而是把二者糅合在一起加以笼统论说了。

结果呈现

在本调查中，根据前期既有文献[②]，笔者预先设计了 20 项备选条目，请被调查对象逐一对其打分。与此同时，设计相应的李克特五点量表（从 1 到 5，得分越高表示越看重、越认可、越肯定），加以详细测量。

调查显示，相对地，标准差最大的，即争议最大的，亦即认知较为模糊、摇摆不定的，是如下这 5 条（详见表 4-7）：

---

① [英]亚当·斯密：《道德情操论》，蒋自强等译，北京，商务印书馆，1997 年，197 页。

② 参见喻国明：《中国新闻工作者的职业意识与职业道德》，《新闻记者》1998 年第 3 期。复可参见吴飞、吴风：《新闻专业主义理念的建构》，《中国人民大学学报》2004 年第 6 期。复可参见喻国明：《职业道德意识及对职业道德现状的估价——中国新闻工作者职业意识与职业道德抽样调查报告（之二）》，《青年记者》1998 年第 3 期。

表 4-7 关于新闻伦理规范的若干认知得分一览

关于新闻伦理规范的若干认知(条目)	平均值	标准差
A. 新闻从业人员应该主动淡化不利于重要广告客户的批评报道	2.3	1.0
B. 新闻从业人员可以接受新闻来源单位赠送的礼品	2.0	0.9
C. 新闻从业人员可以为自己的版面或节目联系赞助	2.6	1.1
D. 新闻从业人员可以在企业进行投资	2.4	1.1
E. 新闻从业人员可以在企业进行兼职	2.3	1.0
F. 标明、披露受访者的具体身份信息,是被赞赏、被提倡的	2.1	1.0
G. 即使受访者没有提出匿名要求,新闻从业人员也需要主动询问其是否需要匿名	4.2	0.8
H. 在有报道需要的情况下,新闻从业人员可以在受访者不知情的情况下进行拍摄或录音	2.9	1.2
I. 在法院判决之前,新闻从业人员可以在报道和评论中对案件结果作出个人判断,如被告人是否有罪、该判何种刑罚等	1.7	0.9
J. 为了引起公众对实际存在的某种社会问题的重视,可以先虚构一个与该社会问题有关的事实加以报道	1.5	0.8
K. 为了获取相关商业利益,新闻媒体可以进行新闻炒作(对报道活动的一种刻意强化)	1.5	0.8
L. 为了获取点击率,可以在新闻报道中展示血腥画面	1.4	0.7
M. 为了真实地再现新闻事件,可以在新闻报道中展示血腥画面	1.9	1.0
N. 新闻报道刊播之前,新闻从业人员可以也应该将报道全文交给被采访对象审读修改	2.7	1.2
O. 一旦承诺为消息来源保密,新闻从业人员必须信守保密承诺	4.5	0.9
P. 在有报道需要的情况下,新闻从业人员可以隐瞒身份(隐瞒自身的新闻从业人员之身份)接触采访对象	3.7	0.9
Q. 新闻从业人员应该客观地记录与再现新闻事实,坚决消除情感因素,避免介入事件	4.3	0.7
R. 新闻报道应杜绝“摆拍视频”或“摆拍照片”	4.1	1.0
S. 新闻媒体应建立“更正与答辩”专栏,之前的新闻报道如有错误,应及时更正	4.4	0.7
T. 在处理所有死亡报道时,都应发挥人道精神,甚至不惜放弃报道新闻事实	2.9	1.1

(1) 在有报道需要的情况下,新闻从业人员可以在受访者不知情的情况下进行拍摄或录音;

(2) 新闻报道刊播之前,新闻从业人员可以也应该将报道全文交给被采访对象审读修改；

(3) 新闻从业人员可以为自己的版面或节目联系赞助；

(4) 新闻从业人员可以在企业进行投资；

(5) 在处理所有死亡报道时，都应发挥人道精神，甚至不惜放弃报道新闻事实。

相对地，标准差最小的，即争议最小的，亦即认知较为明确、无甚摇摆的，是如下这 3 条(详见表 4-7)：

(1) 为了获取点击率，不可以在新闻报道中展示血腥画面；

(2) 新闻从业人员应该客观地记录与再现新闻事实，坚决消除情感因素，避免介入事件；

(3) 新闻媒体应建立"更正与答辩"专栏，之前的新闻报道如有错误，应及时更正。

相关讨论

就认知较为模糊的几条职业规范而言，偷拍偷录问题首当其冲。偷拍偷录和隐性采访又往往牵扯在一起。周鸿铎在《新闻学教程》中下了个定义，说道："隐性采访，又称暗访，指记者不暴露自己的真实身份和采访目的，在采访对象不知情的情况下，以偷拍、偷录或亲身感受的方式对新闻事实(事件)进行的采访。"[①]根据这个定义，隐性采访往往采取两种方式，一种是偷拍偷录，另一种是亲身感受，事实上，这两种方式经常融合在一起，既亲身感受，又偷拍偷录。周鸿铎的《新闻学教程》对隐性采访的评价比较中庸，一方面讲"凡是记者能够以公开采访的方式能获得新闻事实材料的，尽量不采用隐性采访的方式"，另一方面又讲"在当前的媒介环境下，隐性采访成为记者经常采用的采访方式，它能最大程度地逼近事实真相，具有较强的可视性与可听性，能够吸引受众的注意"。[②] 周鸿铎的这种无可奈何的见解，其实

① 周鸿铎：《新闻学教程》，北京，中国书籍出版社，2010 年，158 页。

② 周鸿铎：《新闻学教程》，北京，中国书籍出版社，2010 年，158 页。

很普遍，也很可能是在所难免的。[①]

新闻报道刊播之前，新闻从业人员是否可以也应该将报道全文交给被采访对象审读修改？这是另一个值得审视的问题。笔者认为，这个问题的实质不妨归结为采访者与被采访对象的关系高低问题。按照一般新闻理论来讲，新闻从业人员当然可以也应该将报道全文交给被采访对象审读修改，因为从业人员的地位绝不高于被采访对象。然而，来自业界的声音却恰恰相反，在那些切实从事一线新闻采编工作的从业人员看来，被采访对象的审读修改往往会把一个已经比较成型的新闻报道文本彻底打乱，还常常耽误发稿时间，也就是说，被采访对象往往"帮了倒忙"，所以，拒绝被采访对象的审读修改才是明智之举。王斌等学者有句意思非常相近的话，描绘的恰是这种窘况："对于非专业的受众参与新闻生产普遍抱有谨慎的态度，并且互动版面或时段的设置增加了记者编辑的工作负荷，为了节省时间精力，'互动'常被排除在新闻生产流程之外。"[②]换句话说，就实际的工作经验而言，在各方面因素的制约（如对时效性的追求、对时间精力的优化）下，新闻从业人员不得不持守一种精英主义的观点。况且，更深入地讲，在笔者看来，将报道全文交给被采访对象审读修改，其之所以被新闻从业人员普遍排斥，最重要的原因其实是新闻媒体之独立性受到了威胁。或许，若干事实的出入问题、若干引语的核实问题，确有必要在成稿后交给被采访对象再行复检，但是，这与将整个报道全文交给被采访对象审读修改（亦即全文审核）仍有不同。总而言之，新闻从业人员是否可以也应该将报道全文交给被采访对象审读修改，这确非一个三言两语就能将其彻底说清的简单问题。

另外两个争议较大的问题——"联系赞助"以及"投资"，牵涉到新闻专业主义与商业主义竞合的问题，情况更为复杂。在一些人看来，商业与资本运作并不必然与新闻的内容生产相矛盾，关键在于平衡，在于"度"的拿捏。

---

① 这里顺带提及，个人隐私与公共利益的权衡问题，的确难以一言蔽之，何况，新的时代还有新的矛盾不断在产生。参见卢家银：《论隐私自治：数据迁移权的起源、挑战与利益平衡》，《新闻与传播研究》2019 年第 8 期。

② 王斌、程思琪：《反推式变革：数字环境中的新闻消费特点和转型路径》，《编辑之友》2018 年第 12 期。

尤其考虑到新媒体笼罩四野的大环境，各种“媒体创业”如雨后春笋一般涌现，“联系赞助”以及“投资”更是家常便饭。陈楚洁的文章《“从前有一个记者，后来他去创业了”——媒体创业叙事与创业者认同建构》把相关问题讲得非常透彻。[①] 陈楚洁从媒体创业这个细致角度展开分析，其文章说，“商人”作为一个在传统媒体时代与“记者”相对立的称呼，现在几乎成为(创业)媒体人所要承担的一种重要角色了。通过商业的运作，维持媒体的生存与发展，被当作成功之标志，理想主义者已转向务实主义者，“对新闻业核心的逃离反而是为了更好地实现曾经的理想”。[②] 只不过，陈楚洁的文章最终指出，代价就是——淡化了“媒体”的专业义理，甚至于“去新闻化”了，而“去新闻化是为了不必固守新闻业伦理的条条框框或者避开潜在的风险”。[③] 从此生发，回顾我们的调查条目，不禁令人哑然失笑！条目是说“新闻从业人员可以在企业进行投资”，而如果新闻业自身就成了一个“企业”的话，这样的调查条目，还能有怎样的意义？说得更抽象一些，在一个确确实实“去新闻化”的媒体大环境中，又该如何来讨论新闻专业主义的若干义理？原《南方都市报》编辑黄长怡在其离职告白中提到：“媒体人觉得自豪的地方在于采编和内容的彻底独立，采编不管经营怎么样，只做独立的内容，但现在是很难实现的，现在媒体不管是任何一个环节都要至少考虑能不能传播起来……呈现一种‘采编不如运营’的趋势……”[④]诚如黄长怡所言，在“采编不如运营”的大趋势之下，如何保有从业人员的专业意识，自然更是一件极费思量的事。而一个可以料想得到的现实结果，恐怕也就只能是：“盈利性的内容与真正服务于公众利益的新闻专业的内容混为一谈。”[⑤]

---

① 陈楚洁：《“从前有一个记者，后来他去创业了”——媒体创业叙事与创业者认同建构》，《新闻记者》2018 年第 3 期。

② 转引自陈楚洁：《“从前有一个记者，后来他去创业了”——媒体创业叙事与创业者认同建构》，《新闻记者》2018 年第 3 期。

③ 转引自陈楚洁：《“从前有一个记者，后来他去创业了”——媒体创业叙事与创业者认同建构》，《新闻记者》2018 年第 3 期。

④ 转引自陈敏、张晓纯：《告别“黄金时代”——对 52 位传统媒体人离职告白的内容分析》，《新闻记者》2016 年第 2 期。

⑤ 转引自李艳红：《重塑专业还是远离专业？——从伦理和评价维度解析网络新闻业的职业模式》，《新闻记者》2013 年第 2 期。

最后一个复杂而棘手的问题——条目设计的是："在处理所有死亡报道时，都应发挥人道精神，甚至不惜放弃报道新闻事实。"另一个比较典型的说法则是：在死亡事件突发之时，职业精神要求客观记录，但人文精神要求放弃采访，该怎么办？有的学者归结说，这是"职业价值观和以人为本的道德价值观的冲突"。笔者认为，这个分野，其实不足道。不必做这种非此即彼的比对，我们对此采取不争论的做法或许是最明智的。刘海明、王欢妮两位学者干脆说，在紧急情况下"媒体从业者既是媒体的代言人也是救援预备人员"①，事实正是如此，"救援预备人员"这个讲法可谓准确。笔者坚持认为，就新闻工作者而言，应该首要做的便是，明确新闻职业规范是什么。譬如，死亡画面要尽可能予以回避或作处理，涉及人的生命与尊严的内容要尽可能将"不伤害"原则放在第一位，无论何时何地救人性命总是第一位的，等等。这些规范是值得遵行的，而不要再去争论那些永远也争论不清楚的形而上问题。职业价值观和道德价值观，确实存在对峙的情况，但这种对峙，在笔者看来，就实际的新闻工作之开展而言，还不如不提。

---

① 刘海明、王欢妮：《灾难报道伦理研究》，北京，商务印书馆，2012年，109页。

第五章

对几个具体问题的再讨论

第一节　对“车马费”的再讨论

上文已然提到，在新闻工作中，从业人员必须关注职业伦理与职业规范。在本章中，笔者愿意选择关乎职业伦理与职业规范的三个关键问题，进一步展开分析：第一是“车马费”问题，第二是新闻真实问题，第三是冷漠报道问题。我们先从第一个问题说起。

大家晓得，“有偿新闻”是一个比较宽泛的概念，一般地说，它泛指新闻工作者特别是记者在获得不正当利益的前提下进行的新闻报道活动。在各色各样的“有偿新闻”中，“车马费”不过是冰山一角，但是，从形式上说，“车马费”反倒是比较显性的、容易认定的。然而，“车马费”对新闻真实、公正的影响，则又往往是隐性的、不易认定的。

“车马费”存在的现状

“车马费”特指新闻记者在采访活动中接受采访对象提供的小额交通费用补贴，这些采访活动主要包括公司业绩说明会、新品发布会、业务介绍会、子公司或分支机构开业会、与其他公司合作的通报会、公司庆典，等等。从主管部门的监管、业内人士调查、笔者的小范围接触来看，“车马费”已成内地新闻业、公关业一个摆上台面的“潜规则”。

先从主管部门的文件来看一看。1997 年 1 月，中宣部等联合发布的《关于禁止有偿新闻的若干规定》提到：“新闻工作者参加新闻发布会和企业开业、产品上市以及其他庆典活动，不得索取和接受各种形式的礼金。”2005 年 3 月，中宣部等联合发布的《关于新闻采编人员从业管理的规定(试行)》也明确规定：“新闻采编人员不得接受可能影响新闻报道客观公正的宴请和馈赠，不得向采访报道对象或利害关系人索取财物和其他利益。”2012 年，新闻出版总署等单位联合印发了《关于开展“打击新闻敲诈、治理有偿新闻”专项行动的通知》，自 2012 年 5 月 15 日至 8 月 15 日在全国开展专项行动，治理的重点之一就是：新闻记者利用采访活动牟取利益，接受企业和公关公司“红包”。

这些通知、规定，从侧面说明，新闻从业人员收取车马费早在 20 世纪 90 年代就已严重到引起主管部门注意并要求惩戒的地步，但历经 20 余年的治理，“车马费”问题依然难以得到有效解决。

不妨再从业内调查来看一看。“中国新闻传播法制建设研究”课题组于 2003 年就新闻从业人员职业道德问题展开问卷调查，结果显示，对于是否接受被采访单位或个人的招待用餐、免费旅游、现金馈赠，接受问卷调查的新闻从业人员明确表示拒绝的仅为 15.7%、34.2%、53.2%。[①] 也就是说，大部分新闻从业人员认为是可以吃饭、旅游、收钱的。时隔十年之后，2013 年，中国人民大学新闻学院的一篇硕士研究生论文对两位记者的深度访谈显示，接受车马费已是行业风气，且所收金额已经占到正常工资的 10%以上。[②] 而综合笔者的实际接触经验来看，没有拿过车马费的记者几乎为零。这些情况均说明，大多数新闻从业人员对车马费坦然接受，至少是不排斥，且已成为一种“不言自明”的行业风气。

“车马费”到底是由记者主动索取引致还是采访对象自愿提供肇始，目前无从查考。但据一些公关人士的介绍，公关公司的主动所为，确实刺激了

---

① 郑保卫、陈绚：《传媒人对“有偿新闻”的看法》，《新闻记者》2004 年第 3 期。

② 赵卓：《企业公关与大众媒体新闻生产的互动研究》，中国人民大学新闻学院硕士学位论文，2013 年春。

“车马费”问题的产生和蔓延。有学者是这么叙述的：“10 多年前，中国公关业在众多国际 IT 品牌的带领下，纷纷兴起。最早这些 IT 厂商和公关公司组织召开发布会时，发现中国记者总是出席者寥寥。后来经了解发现，相较于国外记者，中国记者的薪资水平较低，出席发布会，来回车费都得自己承担，还耽误写稿挣稿费，所以大多不愿出席。为提高发布会的出席率和现场效果，公关公司建议客户给媒体一点交通补贴和餐费补贴，以鼓励媒体出席厂商的新闻发布会，这份补贴后来就统一被称为‘车马费’。”[①]

不消说，“车马费”看来是某种双方“合谋”的事情，记者自身改善生活水平的需求与采访对象祈望提高正面曝光率的需求，二者合拍，方才造就了“车马费”这一痼疾的由来和扩散。但深究起来，事情似乎又并非如此简单，或者说，它应该有更值得讨论与分析的底里所在。

总的来说，纵容记者收取车马费的媒体，其公信力会大打折扣，因为“车马费”会使新闻客观性遭受打击。俗话说“拿人手短”，记者若拿了钱，还能客观公正地对事实加以报道吗？我们都知道，新闻客观性的核心就是对事实进行准确报道，尤其禁止在报道中采取带有撰稿人主观倾向的立场。在新闻客观性被严重打击的情况下，“车马费”对新闻职业道德的损害也就不言而喻了。有学者曾经总结过新闻职业道德（新闻职业精神）的若干内涵——真实、客观、责任感、同情心。[②] 看来，“车马费”必然首先打击真实与客观，继而动摇责任感与同情心。

然而，“车马费”这一明显有违新闻职业道德、屡次遭到治理整顿的现象，为何不但屡禁不止，反而还以“合理化”的“姿态”存在如此之久且可能继续长期存在？这似乎也不能单纯地从新闻从业人员的职业道德方面进行探究，因为，“车马费”问题必然涉及中国人情社会及媒体管理转型下的新闻媒介运作的深层机制。笔者认为，如下四大原因或许值得一谈：一是渠道资源高度集中下媒体话语权强大，采访对象需要维护好与媒体的关系，提高正面新闻曝光率，杜绝或减少负面新闻曝光率；二是商业利益侵蚀下新闻专

---

① 刘焱：《友邦惊诧“车马费”》，《国际公关》2011 年第 6 期。

② 王亦高、房建硕：《新闻职业精神再探究》，《现代传播》2015 年第 8 期。

业主义缺失；三是人情社会、圈子文化下的社会从众心理；四是自律机制薄弱，媒体机构内控机制残缺。

渠道强势与话语权威慑

应该说，改革开放以来，特别是21世纪文化体制改革以来，新闻管理体制已发生相当大的变化，新闻媒体单位从事业单位逐步改制为企业单位，部分媒体呈现出股东多元化特征。

文化体制改革的推进以及移动互联网的兴起①，使得新闻传播渠道从过去的高度垄断走向了相对集中和市场细分，传统媒体的话语权在被逐步稀释，记者编辑的把关人“权力”也在弱化。相对而言，被采访对象面临的可选择媒体对象增多，对新闻记者编辑的依赖度减弱。可即便如此，媒体的话语权仅是削弱而非失势，特别是，舆论监督的“威慑力”、负面新闻报道的“杀伤力”，依然难以让被采访对象不理不顾。

首先，长期以来，我国传媒是党政机关的一个重要组成部分，传媒话语权被视为党政权力的延伸。传媒人的这种自我优越感，催生了包括“车马费”在内的有偿新闻的产生。尽管传媒行业已经实行改制，但大部分媒体特别是中央媒体、地方党政机关媒体等依然被视为党政机关的代言人，传媒的话语权自然成为党政机关行政权的一种变相的、或明或暗的延伸。这种威慑力势必对被报道对象产生巨大影响，搞好媒体关系自然成为被报道对象的公关活动的重要组成部分。

其次，对传播渠道的依赖，使得包括“车马费”在内的有偿新闻得以生存。被报道对象，特别是企业等市场主体，为了提高知名度或者推广业务，增加企业自身以及产品的正面曝光率成为最佳选择。维护好媒体关系，这种正面曝光率自然会有所保证。此种方式与一般广告的宣传方式相比，不仅资金投入较少，而且达到的宣传效果可能更好。

---

① 喻国明评价说，移动互联网是“连接一切、赋能于人”的传播平台。在这一“连接”中“赋能于人”的一个突出表现就是人的个性化、分众化需求的泉涌。参见喻国明：《互联网发展的“下半场”：传媒转型的价值标尺与关键路径》，《当代传播》2017年第4期。

生存危机叠加专业主义缺位

上述叙说之内容，也间接说明了中国新闻工作的专业主义之缺失。从行政权力向传播权利的回归面临着诸多实际的挑战，最关键的就是传媒业走向市场之后的生存危机以及所遭到的商业利益的侵蚀。这对于本来就没有建立起专业主义模式的中国传媒业而言，更是致命一击。

传媒走向市场，变身为具体的利益单元，自然具备维护和扩张自身利益的驱动力。改制为企业后，这种“趋利性”更加明显。机构有生存焦虑，个人也有生存焦虑。机构自身尚且如此，又如何约束所属员工拒绝车马费呢？单凭道德约束来抵制实实在在的利益诱惑，无论对传媒机构还是对编辑记者而言，均是一厢情愿，甚如天方夜谭。就此，中国学者陈力丹曾言，市场机制引发了利益、生存、发展之争，外部的诱惑越来越多，追求记者个人利益和传媒自身利益的动力也越来越大，这是造成职业意识淡化的重要原因。[①]

回到“车马费”问题本身，记者需要这笔小钱，或者说，并不拒绝这笔小钱。中国学者曹鹏的文章是这方面意见的代表。曹鹏尖锐地指出：“在大城市交通成本如此高昂的条件下，不给记者车辆，又不给发放交通报销补贴，怎么可能杜绝记者从被采访方领取车马费！”[②]曹鹏的话，确确实实说出了实情。如果不收车马费，记者确实在经济上不划算，不仅不划算，可能还要吃大亏。记者外出采访之后，往往还要赶回报社发稿。在时效性的压力下，记者外出往往只能乘坐更迅速、更便捷的出租车，而不会巴巴地去等公交车。这一笔高昂的出租车费，谁来负责？单位并不是彻底不给报销，但也不可能报销彻底。

这种观点有一定道理，也与前述公关人士所认为的车马费的缘起有共通的理由。但实际上，我们也只能颔首承认，车马费终归而言并未明显改善记者的收入，却使得记者本人及其所在单位都处于较为尴尬的地位。毕竟，

① 陈力丹：《我国传媒业的职业道德意识与自律建设》，《现代传播》2007年第1期。

② 曹鹏：《如何根治屡禁不止、愈演愈烈的有偿新闻》，《新闻记者》2010年第8期。

靠纵容记者收取车马费来减少成本开支的媒体，其公信力会大打折扣，而记者本身的职业操守也会遭到质疑。

另外，需要特别指出的是，传媒走向市场后的机制建设滞后、内控制度缺位，使得新闻专业主义的职业素养培训缺失，也同样纵容了“车马费”等有偿新闻现象的滋生与蔓延。

目前，不少媒体的岗位设置并不合理，其深层原因或许恰恰在于新闻从业者的身份问题，这其实也牵涉到“编制内”与“编制外”的区别问题。“编制内”员工享有正规编制或所谓事业编制，工资及福利待遇较高，自我优越感较强，没有太大的职业风险；“编制外”员工，特别是传媒市场化改革后的企业招聘员工，其工作任务并不轻松，职业风险反而较大，收入不高。甚至，综合多年来一些新闻门户网站对新闻从业人员生存现状的调查来看，不少从业人员没有劳动合同保障、没有工作证或记者证、基本工资低而必须靠稿费为生（稿费也很低）、基本无假期休憩可言。在社会上，记者形象也已从昔日的“无冕之王”堕落成“新闻民工”[①]，记者这一职业甚至已成为高风险、低收入的“高危”职业——这话虽戏谑了一些，但也映照了若干实情。

“编制外”员工面临的最大“不公”就是同工不同酬，发工资是按照不同制度、不同规矩来计算的。夏倩芳、李婧等学者在对都市报进行研究之后，曾指出：

> 有限的编制就成了媒体组织进行劳动权控制的工具，以此实行差异化的劳动规训，造成了长期“同工不同酬”现象。这个现象，不仅存在于母报与子报之间，也存在于都市报内部的上层与下层之间。由于没有编制，子报员工的福利保障及福利水平都与编制内员工相差甚远，被严重地去福利化。并且，不少无编制的媒体从业者与编制内员工从事同样的工作，甚至承担更大的工作量，但收入水平和职业安定感却远不及编制内员工。[②]

① 我们设计了相应的李克特五点量表（从 1 到 5，得分越高表示越看重、越认可、越肯定、越符合自身的既有观念），加以详细测量。就“新闻从业人员是‘无冕之王’”这一新闻理念而言，受访者对其的打分情况是：平均值 3.1，标准差 1.1。

② 夏倩芳、李婧：《媒体从业者的劳动权困境及其形塑机制》，《学术研究》2017 年第 4 期。

因而，在这样的“现实”面前，人们的潜意识不得不活泛起来了：既然“同工不同酬”，就希望能“找齐”，而这个“找齐”往往体现在“获得好处”上面。无论是编制内员工，还是编制外员工，甚至是实习生，但凡是一个单位的，派出去采访，在一般的情况下，所拿到的车马费总归是差不多的，因为被采访对象搞不清楚记者的具体身份，反而一视同仁了。

人类的潜意识是很可怕的，有的时候，这并不是一个简简单单的、易于廓清的外部规范问题，而是曲曲折折的、难以抑制的自然冲动问题：虽然我是编制外的，但我照样可以拿好处，而且拿得一样多，不比编制内的员工差。

一些年轻记者，特别是实习生，可能更有这样的切身体会。在单位里上班，因为自己是新人，不免感觉低人一头；但出去采访，情形就大不一样了，特别是在收取车马费的时候，感觉更好，因为自己的“身价”分明不低于那些资深记者。

年轻记者最初收到红包，回到报社之后可能要向老记者汇报一声，但随着自己的资历增加，汇报也必然是逐渐减少以至于完全取消了。需要留意的是，这个汇报与否的过程，毋宁说，是年轻记者与老记者“做斗争”的过程，有时甚至可以扩展为，编制外记者与编制内记者“做斗争”的过程。从这个意义上论，车马费，竟然变成了一种“斗争资源”。编制外的记者以车马费为手段向编制内的记者“抗争”，而这种“抗争”显然是在两方面的意义上进行的：从物质层面上说，拿到了数目差不多的车马费，因而心里十分得意，这是必然的；从精神层面上说，一个年轻记者或一个编制外的记者，也可以在“车马费汇报还是不汇报”等问题上拥有自己的主动权和决策权，而不必事事请示，这当然会不可避免地带来一种心理上的满足感与超脱感。美国学者费斯克在讨论大众文化的时候讲过一些有趣的观点，如“从臣属式的但不是完全被剥夺权力的位置出发，反抗或规避这些宰制性力量的那一类机会”等。① 笔者这里所论，和费斯克所论，显然属于不同的论域；但值得探究的是，恐怕“车马费”现象在传媒文化里确实有意无意地充当了“那一类机会”。

① [美]约翰·费斯克：《理解大众文化》，王晓钰、宋伟杰译，北京，中央编译出版社，2006年第2版，25页。

人情社会的压力

上述两大理由实际上是从传媒运行面临的两大现实力量——政治、经济——来分析的。种种压力之中，还有一种压力我们不能不提，它迥异于政治压力与经济压力，但又甚或凌驾在二者之上，令人难以躲闪或退避，这就是：人情。中国自古以来就是一个人情社会，费孝通曾说，“一个差序格局的社会，是由无数私人关系搭成的网络”①，大抵就是这个意思。

一直以来，强调德治、自律的治世理念，以及强调同乡、门第的宗族文化，在我国根深蒂固，人与人之间打交道不是依规则、走程序，而是找熟人、凭关系。这在各行各业之中均有体现，新闻传媒行业也概莫能外。记者打探消息、培养线人的第一个选择必然是亲戚、朋友、同学、老乡等熟人。而在工作中，同一条“线”或同一个“口”的记者也会自然而然地形成一个圈子，圈子里的其人其事都会成为谈资，个人行为无形中会受到这个圈子的影响，而这种圈子影响的一个直接反映恰恰就是“留面子”。林语堂曾经这样点评说：“编辑有自己的难处。‘面子’因素在中国的各行各业都十分重要，新闻界也不例外。”②这个点评切中肯綮。对于“车马费”这个行规来说，圈子里的人往往采取默认现实的做法：随大流，只做不说。因为一旦你说，就等于没给别人“留面子”，这在中国文化传统里是很要紧的事；当然，就算你不说，但如果你不做，那也还是不行，因为，别人都拿车马费，你不拿，别人就会觉得你很“另类”，或者说，等于你依然没有给别人“留面子”，你就从此被孤立了。记者和被采访对象之间，自然也会有这种出于人情维系方面的顾虑。你采访对方，对方塞车马费到你手中，你若不收，就是“不给对方面子”；若收了，便是“两好”局面。因而，在中国的文化传统之内，“车马费”有时几乎是作为人情维系的一种独特方式存在着的，它好比绳索，虽维系人情，但同时也把职业道德勒住了。

---

① 费孝通：《乡土中国/生育制度》，北京，北京大学出版社，1998年，36页。

② 林语堂：《中国新闻舆论史》，王海等译，北京，中国人民大学出版社，2008年，134页。

让我们再次把目光聚焦到年轻记者身上来。起初，一些年轻记者收到红包，回到报社之后，都要向老记者汇报一声，但这种汇报往往也沦为象征性的汇报，因为一般来说，老记者会对年轻记者讲，红包你自己揣着吧，也没啥大不了的。随着资历的增加，见多不怪的年轻记者们对车马费越来越习以为常，汇报也必然是逐渐减少以至于完全取消了。年轻记者蜕变成了老记者，他的“阅历”增加了，“经验”增加了，道德防线却衰颓了。老记者又要带新记者了，一代又一代，人们都在蜕变中“成长”。

笔者已经说过，记者在工作中特别是在外出采访过程中收取车马费，这种情况早已司空见惯，人们甚至觉得自然而然，没有车马费反倒感觉不怎么正常了。大家都拿，我也拿，这才是“正常”的——这已经成了一种固着心态，因而很难改变。中国古话里也讲“法不责众”之类的警语，即是这个意思：只要我做的和大家做的差不多，那就不会错。但是，从理论上说，我们必须得承认，随大流并不见得就是对的。行人闯红灯不就是这个道理吗？大家都闯，于是也就无所谓了，你我他跟着闯，无非是随大流罢了。但是，恐怕没人不晓得，闯红灯实际上违反了交通规则，是错的。收取车马费，道理一样。虽然大家都收了车马费，但这种行为本质上违反新闻职业伦理，又怎么能称其为“合理”呢？

1997 年，中宣部、广播电影电视部、新闻出版署、中华全国新闻工作者协会联合颁布了《关于禁止有偿新闻的若干规定》——当然，实施效果看来并不好，但在这里还是值得引述一下，这至少是一个总的前进方向：

> 一、新闻单位采集、编辑、发表新闻，不得以任何形式收取费用。新闻工作者不得以任何名义向采访报道对象索要钱物，不得接受采访报道对象以任何名义提供的钱物、有价证券、信用卡等。
>
> 二、新闻工作者不得以任何名义向采访报道对象借用、试用车辆、住房、家用电器、通讯工具等物品。
>
> 三、新闻工作者参加新闻发布会和企业开业、产品上市以及其他庆典活动，不得索取和接受各种形式的礼金。
>
> 四、新闻单位在职记者、编辑不得在其他企事业单位兼职以获取

报酬；未经本单位领导批准，不得受聘担任其他新闻单位的兼职记者、特约记者或特约撰稿人。

五、新闻工作者个人不得擅自组团进行采访报道活动。

六、新闻工作者在采访活动中不得提出工作以外个人生活方面的特殊要求，严禁讲排场、比阔气、挥霍公款。

七、新闻工作者不得利用职务之便要求他人为自己办私事，严禁采取“公开曝光”、“编发内参”等方式要挟他人以达到个人目的。

八、新闻报道与广告必须严格区别，新闻报道不得收取任何费用，不得以新闻报道形式为企业或产品做广告。凡收取费用的专版、专刊、专页、专栏、节目等，均属广告，必须有广告标识，与其他非广告信息相区别。

九、新闻报道与赞助必须严格区分，不得利用采访和发表新闻报道拉赞助。新闻单位必须把各种形式的赞助费，或因举办“征文”、“竞赛”、“专题节目”等得到的“协办经费”，纳入本单位财务统一管理，合理使用，定期审计。在得到赞助或协办的栏目、节目中，只可刊播赞助或协办单位的名称，不得以文字、语言、图像等形式宣传赞助或协办单位的形象和产品。

十、新闻报道与经营活动必须严格分开。新闻单位应由专职人员从事广告等经营业务，不得向编采部门下达经营创收任务。记者、编辑不得从事广告和其他经营活动。①

简单的结语

列举这么多理由来阐述“车马费”的产生原因，为什么？无非是为了说明这个简单问题实际上有复杂的内因，只有弄清楚了内因才能对症下药，医治顽疾。或者说，即使一时半会儿医治不了，找找病因所在，也还是有价值的。

---

① 中华全国新闻工作者协会：《中国新闻工作法律手册》，北京，新华出版社，2010年，161-163页。

我们必须清醒地认识到，记者在采访活动中接受被采访对象支付的车马费已成为普遍现象。这一现象，既是渠道资源高度集中下媒体话语权强势所致，又是商业利益侵蚀下新闻专业主义缺失使然，亦是人情社会、圈子文化之下的社会从众心理的曲折体现。更值得我们警醒的是，进入社交媒体时代或曰高级互联网时代[①]，车马费的发放与接收似乎变得更加"隐蔽"了。

更何况，"车马费"仅是有偿新闻的冰山一角，而有偿新闻也仅是新闻职业伦理需要面对的诸种问题中的一个问题。我们始终相信，有些问题的原因是相同的，开出的药方也是类似的。至于能否改进，则需要新闻从业人员的不断努力。未来的归途，依然任重而道远。

第二节　对"新闻本质真实"论的再讨论

2014 年 8 月 4 日，云南鲁甸地震，其间一篇名为《云南重灾区物资缺乏 救援人员用浑水煮面》的新闻报道引起舆论广泛关注，尤其关乎新闻真实问题。浑水煮面，究竟是真是假？对此，业界与学界均展开了各式讨论。但需要特别注意的是，关于新闻真实的讨论，如若上升到"新闻本质真实"，恐怕就要出问题了。诚然，"新闻本质真实"论是新闻理论领域里一个被不断涉及的话题，中国新闻学者郑根成曾明确表示"关于在新闻报道是否要坚持本质真实问题上的争歧现在尚未统一"[②]，其所言非虚。

"新闻本质真实"论被广泛讨论，可以追溯到 20 世纪 80 年代，当时参与讨论的相关学者主要有冯健伟、卢惠民、孙旭培、徐耀魁、陈力丹等人。进入 21 世纪，"新闻本质真实"论的论调依然不绝如缕，对比于 20 世纪 80 年代的

---

① 笔者认为，所谓高级互联网时代，一般指移动互联网时代，移动互联网则一般指移动通信与互联网的有机杂糅与广泛融合。在高级互联网时代，受众与传播者的壁垒近乎消失，就新闻传播领域而言，"多主体"丛生现象更成为这一时代的显著特征。

② 郑根成：《媒介载道——传媒伦理研究》，北京，中央编译出版社，2009 年，108 页。

讨论亦有了一些“新发展”。那么,对“新闻本质真实”论该如何看待?尤其是,对于其在新时代的“新发展”,该做何评论?这恰恰是本研究在此希望深入讨论的问题。

“新发展”之一:抽象的哲学层面

第一个“新发展”是,不再专注于阶级性问题,转而继续在更为抽象的哲学层面论述“新闻本质真实”。

20 世纪 80 年代,坦诚地说,“新闻本质真实”论基本还是围绕着阶级性展开的,如认为“只有体现党性和阶级性的报道才是真实的”,“揭示事物的本质、反映带有规律性的东西是无产阶级新闻工作者的责任”,等等。众所周知,1966 年“文化大革命”爆发后,新闻事业完全被政治指挥棒所左右,其自身规律几乎完全被忽视。这种极左情况在“文革”结束后的一段时期内仍无明显好转。1977 年,中宣部发布《报纸工作条例》,第一条依旧是“抓住阶级斗争这个纲”。归其一点,在当时,新闻无非是政治的附庸,新闻事业是没有自己的学术领域的,自然谈不上有什么科学原理需要挖掘。因而,当人们回顾 20 世纪 80 年代关于“新闻本质真实”论的讨论的时候,恰恰能够感受到这样一种困顿状态:中国新闻理论界试图从“一切以阶级斗争为纲”的思想中挣脱出来,但还远远不够彻底。

进入 21 世纪以来,形如“只有体现党性和阶级性的报道才是真实的”这样的论述已不多见,代替它的是阶级性色彩极度弱化但依然高度抽象化和哲学化的论述。譬如,2013 年的一篇文章说:“本质真实是不仅指新闻报道反映的现象是真实的,同时对于纷繁复杂现象背后的事物的根本属性也必须是真实的。”[①]又如,2014 年的一篇文章说:“现象是事物的外部联系和表面特征,能被直接感知。现象反映的是事物的个别性的范畴;本质则是事物的根本性质,是构成事物各要素之间的内在联系,它反映事物的一般性或

① 范红波:《从新闻事件真实与本质真实的关系看“走转改”的必要性》,《新闻世界》2013 年第 4 期。

普遍性的范畴。本质总要通过现象表现出来。人们只有通过对大量现象的分析研究才能发现和揭示事物的本质。新闻事实也是一样。新闻的真实性原则要求新闻报道必须透过纷繁复杂的社会现象揭示社会生活的本质。"[①]

上述两则引文,或许可以看作新时代"新闻本质真实"论的较为典型的观点陈述。那么,这种观点对吗？恐怕依然存在着比较大的问题。笔者坚持认为,新闻学是一门与实践工作紧密联系的学问,所以它的实践性应该是极强的；倘若将新闻真实问题上升到如此抽象化的哲学层面,谈"个别性范畴"与"普遍性范畴",恐怕不仅不会为新闻工作指明方向,反而会使新闻工作误入歧途、蹶踣丛生。西方新闻理论专著《新闻的十大基本原则》一书说得很有道理："新闻工作的特征是行动和实践,不是哲思和内省。"[②]必须承认,新闻的真实只能是事实的真实,而不是哲学意义上的真实,也绝不必上升到哲学论辩的高度。至于其他各种各样的"真实",诸如审美真实(真、善、美)、法律真实(必须有确凿证据所证明的完全真实)[③]等,也都和新闻工作所追求的新闻真实存在较大距离,皆不可相提并论。

《新闻的十大基本原则》的一句断语在此尤其值得一引："这就是新闻所追求的真实——一种操作性的或实用的真实。这种真实不是绝对的或哲学意义上的真实。它不是化学方程式那样的真实。新闻工作能够而且必须追求那些我们在日常生活中能够使用的真实。"[④]在笔者看来,对于"新闻本质真实"论的批评与反驳,其核心要点大概都包含于上述这句引文里了。

"新发展"之二：价值判断凌驾于一切之上

第二个"新发展"是,特别强调"价值"以及"价值判断",并由此间接论述

---

① 吴莹：《试论新闻的真实性》,《理论观察》2014 年第 8 期。

② [美]比尔·科瓦齐、汤姆·罗森斯蒂尔：《新闻的十大基本原则》,刘海龙、连晓东译,北京,北京大学出版社,2011 年,36 页。

③ 参见陈堂发：《为何？何为？——论当代中国媒介权限》,北京,群言出版社,2007 年,81 页。陈堂发论述了法律视域下的新闻真实问题。

④ [美]比尔·科瓦齐、汤姆·罗森斯蒂尔：《新闻的十大基本原则》,刘海龙、连晓东译,北京,北京大学出版社,2011 年,37 页。

“新闻本质真实”论的合理性。

20世纪80年代的相关讨论，学者们说得比较多的是“反映带规律性的东西”[①]，并不太强调“价值”这个概念。然而，进入21世纪以来，“价值”一下子成为学者们的口头禅，言必称“价值”，并由“价值”问题入手间接论证“新闻本质真实”论的合理性。

其中较具代表性的论述，不妨引如下一段，是为一斑：“拥有灵魂与生命的新闻，恰恰是‘事实’与‘价值’的双重真实，这种意义的建构也正是新闻真实性的本质核心。在实践中笔者发现，要通往这一核心，就要建立两个维度：其一，关注和尊重人的利益，肯定人的尊严和符合人性的生活条件；其二，关注人的生存和发展，升华事件信息的社会意义。”[②]

就上述引文而言，恐怕作者的心意是好的，但很遗憾，它给读者留下的理论要旨却非常模糊。新闻报道必须尊重事实的真实，事实的真实永远是新闻报道的生命所在，这已是广大新闻工作者的共识；但如果将这种事实的真实再掺杂以“价值真实”，且要力图“升华社会意义”，问题就复杂了。笔者不揣认为，当前之所以出现大量的新闻失实，其原因之一就是：希图把“事实”与“价值”相互掺杂的这种观点，竟然总有其市场，容其存身，任其滋长。显而易见，当一个“是与不是”的问题变成了一个“是与不是”和“对与不对”杂糅在一起的问题的时候，原先的“是与不是”的问题恐怕已然退居其次；或者说，当人们试图把事实判断和价值判断相提并论且合二为一的时候，价值的正确性问题就已经凌驾在事实的真实性问题之上了。事实陈述是有真值的，而价值判断是主观的，并不具备纯粹的客观基础，二者又岂可混作一谈？

2014年的一篇文章的论证思路尤其值得一观。这篇文章的作者坚持认为，新闻活动必须有价值追求。[③] 那么，怎样才算是“有价值追求”呢？这位学者举例说：“这种抽象的整体真实往往在新闻写作中，常常被视为本质真实或者意义真实，例如契合某个政策主潮、某种理念思想、某个时代使命、

① 王武录：《话说“本质的真实”》，《新闻战线》1981年第3期。

② 何文旭：《人文视域中的新闻真实》，《记者摇篮》2013年第11期。

③ 黄卫星、王薇：《新闻的局部真实与整体真实》，《采写编》2014年第4期。

某一时代风貌，等等。"但这样一来，问题不又回到了原点吗？潮流、理念、风貌、使命，这一系列东西，都是某种价值判断，但如果新闻工作首先遵从了价值判断，那事实判断将被置于何地？

"新闻本质真实"论始终认为：如果新闻报道只反映了充满偶然性的经验世界，即只罗列了一些现实中发生的现象，却忘记了去揭示经验世界背后的必然规律，就是忘记了分析本质，那样的报道就是"不真实"的，至少是"不足够真实"的。"足够真实"的必须是"本质"，也只能是"本质"（或曰"规律""理念""潮流""风貌""使命"等）。难怪有位叫李小平的学者会如此直截了当地说："事实就是纷繁复杂的，只是简单地就事论事地报道，那么就难以从事实中求得真正的'是'来。新闻报道是求'是'，就要求出符合事物本质的'是'。"[①]然而，这样去求"是"，符合新闻工作的独特要求吗？与李小平的观点相反，笔者坚持认为，在新闻报道领域，新闻的真实性恰恰在于新闻报道与充满偶然性的经验世界的对应，而不在于新闻报道是否揭示了经验世界背后的必然规律。毋宁说，如果认为新闻报道必须从事实中揭示了事物的必然规律（即求出符合本质的"是"）才叫体现了新闻真实性，那么新闻工作估计就没法再做下去了，因为它将承受其不可承担之重负。

"新发展"之三："情况非常糟糕"

第三个"新发展"是，在宣扬"形势一片大好"的新闻报道思路依然保持的情况下，又涌现出某种宣扬"情况非常糟糕"的新闻报道思路，而其理论支撑依然是"新闻本质真实"论。

20 世纪 80 年代的"新闻本质真实"论在新闻实践层面的直接体现，就是对"形势一片大好"新闻模式的推崇。各种虚假新闻层出不穷，而其所打的旗号都是：虽然现象假，但本质真，因此假也是真。有的学者甚至发出这

① 李小平：《新闻报道必须遵循真实性原则》，《新闻传播》2012 年第 11 期。

样的感慨：说到“新闻本质真实”论，恐怕就是指只讲好的方面，不去批评不好的方面。[①]

然而，时至今日，“新闻本质真实”论又衍生出另一种变形。不好的方面也可以批评，这本来是进步；但如果其方式是通过新闻造假去批评，则又当如何？这里聊举几例。2007 年 6 月 15 日《家庭导报》报道了这样一条新闻，题目是《一个退役冠军的艰难生活》，说的是某位曾经获得过全国青年锦标赛冠军、全运会冠军、亚洲锦标赛冠军的运动员退役后的艰难生活，她(在报道中化名“唐颖”，24 岁)没有生活保障，不得不摆地摊谋生。事后经调查，这其实是一条漏洞百出的新闻，是假新闻。[②] 对这则假新闻，有学者为之辩护，用的还是“新闻本质真实”论的观点。也就是说，虽然在具体的事实层面上，该新闻是虚假的，但它的本质是真的。的确有一些昔日曾为国争光的体育健儿们，由于时过境迁，名声不再，体力不济，自己又找不到适当的饭碗，于是陷入艰难的生活境地，因而，新闻假归假，但同时又是真，因为其本质是真。类似的假新闻还有不少，为之辩护的理由也都类似，例如 2004 年《新闻从业人员平均寿命 45.7 岁》、2008 年《北京房地产商协会会长赞成炸掉故宫盖住宅》、2013 年《村支书性侵村民留守妻子：村里一半都是我的娃》、2016 年《礼崩乐坏的东北村庄》、2018 年《快递小哥因快递被偷雨中痛哭 20 分钟》等假新闻[③]，都被认为是“真实”的，因为确实存在着新闻工作者普遍身体不佳、房地产商大多唯利是图、村干部通常作威作福、曾经的乡土生活面临巨大转型、目下的城市快递服务异常艰辛这样的“真本质”，所以假新闻也就成了“真新闻”。

---

① 资料来源于笔者 2006 年秋对钱辛波先生的访谈。钱辛波先生是 20 世纪 80 年代全国性大型新闻学术刊物《新闻学刊》的主编。

② 此处感谢华中师范大学张振宇博士的提点与襄助。张振宇博士的文章《讽刺画、预警器和烟幕弹——对国内假新闻研究的反思与重构(1980—2018)》对笔者的启发莫大。另外，对于这则新闻的回顾，参见宋超：《拷问传媒公信力——新闻打假十年实录》，上海，文汇出版社，2011 年，159-160 页。

③ 参见张振宇：《讽刺画、预警器和烟幕弹——对国内假新闻研究的反思与重构(1980—2018)》，未刊稿。

——笔者认为，此种说法恐怕甚少有人能够接受。[①] 过去援引本质真实论，要义在于粉饰太平，因此只说好的，不说不好的，美其名曰本质真实；如今援引本质真实论，又似乎变成了抨击现实、批判社会，因此专写一些耸人听闻的新闻，甚至没有新闻编造新闻，又美其名曰本质真实。可见，所谓的“新闻本质真实”论，简直就是一个工具，被人翻手为云覆手为雨地任意利用，以达到自己心里预设的目的。而在这一过程中被践踏的，却是新闻真实本身。

我们必须重申，“新闻真实”与“新闻本质真实”这两种说法，虽然貌似相差无几，区别仅在“本质”二字而已，实际上却是完全不同甚至根本对立的概念。“新闻本质真实”论的实质，暗含着绝对的主观性，是为了证明主观上预设的某个结论而去寻找所谓的“新闻事实”。“新闻本质真实”的结果恰恰是完全违背了“新闻真实”的核心理念与核心要求。“新闻本质真实”论反而导致了新闻的不真实。从理论上讲，世界万物的根本属性、本来面目、事物的本质等，都是无形的，它们不过是人们思想认识的一种反映和表达而已。所以，在新闻报道这个领域中，“本质”这个东西便为唯心论敞开了大门。所谓本质的真实也不过是人的主观标准罢了。

简单的结语

新闻是对新近或者正在发生的事实的客观报道，这应该是广大新闻工作者的共识。记者的工作责任就是以现象的世界作为报道的对象，也正因为如此，新闻学从来就不能容许现象不真实的报道存在。或者，即使非要指出现象与本质的关系的话，我们也会说，在新闻报道中，任何现象都是从不同的侧面显示出事物的本质的。而且，就算从纯粹理论上说，在新闻这个并非哲学或艺术的研究领域里，实际上也很难区分表象与本质。如果一定要

① 我们设计了相应的李克特五点量表（从 1 到 5，得分越高表示越看重、越认可、越肯定、越符合自身的既有观念），加以详细测量。就“为了引起公众对实际存在的某种社会问题的重视，可以先虚构一个与该社会问题有关的事实加以报道”这一新闻理念而言，受访者对其的打分情况是：平均值 1.5，标准差 0.8。

区分,就必须要详细地分析和认定以下四种情况:表象真本质真、表象真本质假、表象假本质真、表象假本质假——然而,我们并不能以充足的理由来证明哪一种新闻报道属于哪一类情况,这样做无疑是把本来简单的问题搞复杂了,对指导新闻工作的实践没有任何益处。

况且,往更深一步看——且以陶东风、和磊的《文化研究》一书为例——对“本质主义”的反驳也是得其要领的。[①] 当然,《文化研究》说的毕竟是文化研究的事,和新闻理论有较大距离,但陶东风等学者的总体指导意见特别值得记取:本质主义要不得。所谓“本质主义”,概括地说,就是假定世界上万事万物皆有其固定的本质,总是可以透过现象给揭示出来的。我们在这里提到的“新闻本质真实”论,大体上不也还是这么个逻辑吗?按陶东风、和磊的说法,就连文学艺术是否有“本质”都可堪怀疑、应予争论——那回到新闻报道上来,新闻的本质又从何谈起呢?既然没有本质,又哪里来的什么本质的真实或本质的虚假呢?

另外,还要澄清一个理论问题,那就是:一些人把“新闻本质真实”论和提供新闻背景搞混了。我们反对“新闻本质真实”论,却并不是反对提供新闻背景。甚至,能否提供新闻背景,还是衡量一则新闻是否优良的标准。美国学者这样说过:“新闻的一个突出问题是把事件孤立成零散的片断来看,这造成了大的背景和趋势的模糊。”[②]美国学者在这里所强调的意思是:好新闻,好就好在它能提供对全局的认识。美国学者所强调的观点——对全局的重视、对背景的强调——总的来说,依然是事实先行,在陈述事实、报道事实的同时,却还不忘将事实放在一个更为广阔的社会框架里去考量。

回过头来,再让我们看看《云南重灾区物资缺乏 救援人员用浑水煮面》等新闻报道,我们的认识应该是清楚的:判断新闻的真实,固然可以论及“全局”“宏观”“整体”“背景”,但绝不能上升到“本质”的高度,而诸如“细节为真内核为假”“不能以偏概全”之类的提法则应更为谨慎地予以使用才好。《云南重灾区物资缺乏 救援人员用浑水煮面》是不折不扣的假新闻,并没有

---

① 陶东风、和磊:《文化研究》,桂林,广西师范大学出版社,2006年,56-57页。

② [美]W. 兰斯·班尼特:《新闻:政治的幻象》,杨晓红、王家全译,北京,当代中国出版社,2005年,64页。

这样的事发生过或发生着，即使我们如此热切地渴望灾区的救援人员与当地的父老乡亲都确实能够得到更优厚的待遇与更妥当的安置。

最后，就让我们用悲情智者尼采的名言来结束论述，这恐怕是关于本质与现象的真实问题的最切题的论断了：

> 真理比表面的东西更有价值，这无非是道德的偏见……如果靠有些哲学家的德行方面的热情和笨拙，人们想完全取消“表面的世界”，好吧，假定你们能够这样做，——那么，至少在这样做时在你们的“真理”方面也不再剩下什么东西了。[①]

第三节　对冷漠新闻报道的再讨论

2019 年 7 月，一桩离奇的新闻事件进入人们的视野。浙江省杭州市淳安县千岛湖镇青溪村一名章姓 9 岁女孩，于 7 月 4 日早上 6 点 30 分，被房屋租客梁某华、谢某芳从家中带走，7 月 7 日失去联络。7 月 8 日凌晨，梁某华、谢某芳在宁波某地自杀身亡，章姓 9 岁女孩下落不明。7 月 13 日 12 时 30 分，象山县石浦海域发现疑似女孩遗体。7 月 13 日 20 时 50 分，象山警方通报，经刑侦技术鉴定，在象山县石浦海域发现的女孩遗体确认是章姓 9 岁女孩。

此事一出，记者们纷纷出动，蜂拥至浙江省杭州市淳安县千岛湖镇青溪村。章姓 9 岁女孩的父母、祖辈，不得不面对一拨又一拨的记者采访，生活秩序完全被打乱。更有甚者，章姓 9 岁女孩的父母、祖辈，被电视台的一些记者要求，面对镜头反复说一些所谓“感人”的话，以供拍摄或录制。这究竟算什么？

这无异于往别人的伤口上撒盐。在别人最悲哀、最痛苦的时候，没有悲

① ［德］尼采：《善恶之彼岸：未来的一个哲学序曲》，程志民译，北京，华夏出版社，2000 年，37 页。

悯的救助和关怀,却用锋利的尖刀直戳他人的痛处,新闻记者的人性到哪里去了?人们爱说换位思考,想一想受害者家属的心,当时正处于怎样痛苦的煎熬之中!孩子死了!我们尽全力关心帮助尚且不能使其家人之悲恸心情缓解一二,怎么还能直截了当地戳人的心呢!千万别忘了,对常人而言,生命中最大的悲痛就是亲人的永远离去!一个血肉之躯的普通人,其忍受痛苦的能力是极其有限的,他们的内心此时是极端脆弱的。作为记者,不能设身处地地关爱他们,反而揭开他们内心血淋淋的伤疤,难怪人们称记者太不通人情,太不人道!用亚当·斯密的话说:"其冷酷无情的心只是同情自己,而对别人的幸福或不幸无动于衷的人,看来又是多么令人厌恶啊!"[①]果真如此!亚当·斯密同时又指出:

> 人道仅仅存在于旁观者对主要当事人的情感所怀有的强烈的同情之中,致使旁观者为当事人所受的痛苦而感到伤心,为他们所受的伤害而感到愤怒,为他们的幸运而感到高兴。[②]

我们总讲"以人为本",什么是以人为本?以人为本的底线就是要有起码的人道主义情怀。可是,我们的新闻工作者又往往是怎么做的呢?

过往的一些正反实例

与2019年的事情类似,2004年也有这样一桩事情,值得今日再提。2004年,某外出务工人员在阿富汗被恐怖分子打死了。上海《新民晚报》记者李宁源在采访其家人时遭到拒绝,因为家里人担心死者88岁的老母亲得知儿子的噩耗后会有意外,因此一直将消息封锁。李宁源对此表示理解,就放弃了采访。不久,村主任陪着当地领导和一群记者浩浩荡荡来到死者家中,不顾家人阻拦,冲进家中,在老母亲的极度悲恸中完成了"亲切慰问"与"实地采访"。《新民晚报》记者李宁源一时竟不知如何是好,看见别的记者都进去采访了,也只得跟着进去采访,但采访之后心情久久不能平静,于是

① [英]亚当·斯密:《道德情操论》,蒋自强等译,北京,商务印书馆,1997年,24页。
② [英]亚当·斯密:《道德情操论》,蒋自强等译,北京,商务印书馆,1997年,237页。

写了一篇文章，表达了极度困惑之感。[①] 不错，这样的困惑，大家都有！我们不禁要问，这“亲切慰问”与“实地采访”的目的究竟是什么？记者们对失去儿子的老母亲都如此冷漠，那么他们对该事件的报道该不会是出于对世人的真正关心吧？

与此相对地，笔者愿意举出一个外国的例子。1998 年 6 月 5 日，英国的《独立报》在头版刊登了两个头条，一个是头条新闻《灾难源于 125 英里/小时：80 人丧生》，另一个是倒头条（即同一页的底部）广告《更多人倾向银行取款机》，这两个头条——无论是新闻还是广告——都采用了加大的字体。但就是这么一个头版，《独立报》第二天就为其致歉：“鉴于昨天头版头条新闻的性质，我们在首页刊出的（银行的名字）广告本该取消，给读者带来不必要的悲痛，我们在此深表歉意。”[②]——简直用不着笔者多费笔墨解释了。英国的报纸，只不过是在刊登讣讯的版面上同时刊登了一份广告，都赶紧站出来致歉；而在中国，比之冷漠多少倍、惨烈多少倍的新闻报道仍存在着，又有多少新闻工作者心存歉意？

中国学者季为民在文章《灾难报道的新闻职业规范——以四川汶川大地震的新闻报道为例》中举出了十多个例子，令人不堪卒读，这些例子无不是新闻记者的无人性报道。暂举几例如下，都是汶川大地震中的事情：

（1）某电视台的一位女记者在采访一位男孩（他的哥哥还被压在废墟中），问他的哥哥还会回来吗？男孩答：“会回来。”女记者追问：“说实话！”结果是男孩泣不成声。

（2）某地方媒体记者问领到死者保险金的家人：“你高兴吗？”

（3）2008 年 5 月 14 日晚 10 点，救援人员发现 2 名幸存者，分别是一名中年妇女和一名老大爷。救援人员决定先营救中年妇女。某电视台记者此

---

① 李宁源所撰《一名新记者的困惑》，详细叙述了此次采访前后的所见所闻。参见陈绚：《大众传播伦理案例教程》，北京，中国人民大学出版社，2010 年，116 页。复可参见张咏华等：《新闻传媒业的他律与自律》，上海，上海外语教育出版社，2007 年，344-345 页。

② 转引自［英］斯图亚特·艾伦：《新闻文化》，方洁等译，北京，北京大学出版社，2008 年，118-119 页。

时来到现场进行直播。有个救援人员挡住了摄像机位，女主持人要求说："你让让好不好，我们先拍。"救援人员都说救人要紧。女主持人坚持："只要5分钟就好。"遇难者上方有一块板，随时有可能垮塌，救援人员说："我们把这个搬开。"女主持人说："不用，就保持那样别动。"老人一直痛苦呻吟，大家劝老人不要发出声音，保留体力。女主持人解说道："在我们的下方还掩埋着一位老大爷，一直发出呻吟，我们现在试试把话筒放下去看能不能听见老人的声音。"接着女主持人把话筒伸了下去喊："大爷，能听见吗？大爷？说说话。"大爷又发出了呻吟声。最后，中年妇女得救，但下半身残废；老大爷在救援人员快挖到他时永远闭上了双眼。[①]

美国学者弗林特在《报纸的良知》一书中说过："在处理所有死亡报道时，都应该发挥良好的判断力和人道精神，甚至不惜以牺牲事实为代价。"[②]这话说得太精辟了！可惜，这个道理，一些中国新闻工作者始终不明白，糊涂绝顶者正犹如上述那个电视台主持人。

无妨再举一个美国的例子作为对照。1999年4月20日，美国科罗拉多州利特尔顿的哥伦拜恩高中发生枪击事件。NBC的附属电视台KUSA即时展开现场实况播送。新闻主任帕蒂·丹尼斯(Patti Dennis)第一眼看到孩子们躺在担架上的画面时，她对现场记者说的话是："镜头别太近。"[③]再举一例，同样作为对照。美国摄影记者加里·布莱恩特(Garry Bryant)提出了这样一份清单，讲的还是拍与不拍的抉择问题：

> 这一时刻应当被公之于众吗？
>
> 拍摄是否会将被拍人置于更大的创伤中？
>
> 我所处的距离造成的侵犯是否最小？

---

① 参见季为民：《灾难报道的新闻职业规范——以四川汶川大地震的新闻报道为例》，《国际新闻界》2008年第8期。关于这几例的深入评析，复可参见刘海明、王欢妮：《灾难报道伦理研究》，北京，商务印书馆，2012年，163、166页。女记者追问男孩一事，刘海明、王欢妮评论说这叫"不怀好意地强迫别人心里流血"。

② [美]利昂·纳尔逊·弗林特：《报纸的良知——新闻事业的原则和问题案例讲义》，萧严译，北京，中国人民大学出版社，2005年，73页。

③ 转引自[美]菲利普·帕特森、李·威尔金斯：《媒介伦理学：问题与案例》，李青藜译，北京，中国人民大学出版社，2006年，45页。

我的行为是否具有同情心和敏感度？[①]

——不错，媒体要记录社会人群的物质生活、精神生活的状态，体现社会对个人的关怀，这是媒体作为社会中的特殊组织理应体现出的修养。可是，就某些新闻报道而言，我们不禁发问：就甭提介入、疏导和关心了，难道记者的思想层次和精神境界已经降到了“看客”的标准，甚至低于“看客”的水平？在这里，我们将“不伤害”视为道德的主导理念，虽然从表面上看似乎是“降低了”道德的要求或水平，但实际上，这一原则却是多元时代里人们所能期待的最要紧的东西。可是，新闻工作者在多大的程度上践行了这一原则，还是屡屡践踏这一原则？

即使暂且不提人命关天的大事，在一般的日常生活中，不也同样如此吗？我们屡次看到记者在运动员刚刚完成比赛、累得几乎晕倒的情况下就立即凑过去采访，问运动员“累不累”——哪有不累的道理呢；我们屡次看到记者在中考、高考等对于考生而言事关重大的那几个小时里，举着摄像机冲进考场进行实地采访，却丝毫不想想这多么影响考生的临场发挥；当然，更多地，就是在面对英雄事迹或高尚的人道主义行为的时候，记者往往抛出“后悔不后悔”“值得不值得”之类让人无以作答的问题——这反映出媒体乃至整个社会的人文价值观念的缺失。在一些媒体报道中，人常常是不被赋予充分的尊严的，媒体缺乏对于人的精神价值的尊重和认同——说白了，这就是缺乏人性，这就是冷漠麻木，这就是不通情理。

就此，笔者想到《媒体伦理学》中的一段箴言：“个人尊严不应当以媒介特权为借口而遭诋毁，无论如何，彻底地为普通百姓服务优先于某些事业或口号。”[②]就算新闻事业再如何重要，它也不能心安理得地骑在个人尊严的脖子上！新闻工作者首先是人，其次才是工作者。记者与被采访者的交流应该是人与人之间的交流，要用合乎人性的方式来沟通。记者与受众的关系

① 转引自[美]菲利普·帕特森、李·威尔金斯：《媒介伦理学：问题与案例》，李青藜译，北京，中国人民大学出版社，2006年，219页。

② [美]克利福德·G. 克里斯蒂安等：《媒体伦理学：案例与道德论据》，蔡文美等译，北京，华夏出版社，2000年第5版，115页。

同样是人与人之间的关系，同样要用合乎人性的方式来传播新闻信息。凡是违背人性的语言和做法都是记者们应该努力避免的。而要避免出现类似问题，解决的办法就是去除“媒体冷漠”，让记者们都拥有一颗普通人的心，凡事都能从普通人所处的实际情况出发，设身处地地予以理解、思考、体谅、把握。只有记者的心与受众的心时时沟通，新闻报道才会切中人们的情感需求，才能获得受众最大程度的接受，新闻工作才能做得更好。

诚然，批评的话，此时说了许许多多；而笔者的心意，读者想必一定是了解的。真诚希望中国的新闻工作能够更上一层楼。尤其，针对灾难报道，中国学者许向东、高爽曾提出这样的恳切要求：新闻媒体对报道题材和素材进行合理取舍，悉心体恤遇难者家属的内心感受，充分预判受众接收时的心理状态和承受能力。[①] 不错，学者们的所言所语，恰恰是新闻工作致力于改善的大方向所在。

可能存在的理论悖论

当然，这里也存在着一个悖论——如果我们认为它的确是一个悖论的话，那就是：新闻工作者的个人感情，到底掺入还是不掺入？这个问题的提出，是有讨论价值的。如果不掺入，可能被诟病为冷漠与麻木；但如果掺入得太多，会不会又被诟病为不冷静、不客观、不公正、不超然？这很可能是个“度”的问题，但又如何测量？有的学者是这么划分的：

> 如果说有时掺入个人情感是恰当的而另一些时候则不恰当，那么二者的分界线在哪儿？根据经验可以得出以下两条原则。第一条是当其他反应都违反人性——感情是唯一自然的反应时，可以表达个人感情。……第二个规则是当探索问题以及研究信息的意义是为了在更大的语境中进行更深入的探讨时，不宜加入感情。[②]

---

① 许向东、高爽：《主流媒体在社会建设中的引导抚慰功能》，《新闻战线》2017年第19期。

② [美]比尔·科瓦齐、汤姆·罗森斯蒂尔：《新闻的十大基本原则》，刘海龙、连晓东译，北京，北京大学出版社，2011年，194页。

看来，对于这个问题的探讨，还有极大的空间。但不管怎么说，很明显的是，学者们不断提及了“人性”这个主题，也就是说，新闻工作无论如何开展，终究也不能违反人性，不能不通人情。这是世界的通则。既然说到了通则，我们无妨再引用一位法国学者所陈述的“基本价值观”与“基本禁律”，这是所有传媒职业工作者都要遵守的：

基本价值观

-尊重生命

-增进人类团结

基本禁律

-不说谎

-不侵吞别人的财产

-不伤害任何无辜者[①]

在常江的文章里，一位受访者说得更贴切、更通达：

> 要想成为一名好新闻记者，你首先要是一个好人……当然，这不是指你要同情心泛滥，或者时时刻刻想要做拯救地球的英雄。善良是贯穿在日常新闻工作中的，如同一种世界观，它的存在确保你的新闻报道并不仅仅是冷冰冰的事实和不关己事的冷漠。[②]

的确，不通人情的冷漠报道，这不该是生活在现代社会的民众应有的心理状态与思维模式，更不能够成为媒体话语的特征。因为它带有野蛮社会遗留下来的某种痕迹。现代社会中的新闻媒体必须首先走出这种冷漠！

笔者坚持认为，就新闻工作者而言，应该首要做的便是，明确新闻职业规范是什么。譬如，血腥画面要尽可能予以回避或作处理，涉及人的生命与尊严的内容要尽可能将“不伤害”原则放在第一位，无论何时何地救人性命

① [法]克劳德-让·贝特朗：《媒体职业道德规范与责任体系》，宋建新译，北京，商务印书馆，2006年，44-45页。

② 常江：《规范重组：数字媒体环境下的新闻伦理体系建构》，《新闻记者》2019年第8期。

总是第一位的,等等。这些规范是值得遵行的。一句话,新闻工作要以人为本,要"表现出对传播对象(报道对象和受众)的尊严、价值、命运的维护、追求和关切"[①]。

简单的结语

有不少人听到过这样的说法——"21世纪是中国人的世纪"。人们这样说,或许正是出于对中国传统文化仁爱精神的某种期待与渴望,我们当然愿意事实真的是这样,但实际上,目前中国社会的种种现象却不能不令人感到强烈的担忧。无论如何,我们坚持认为,媒体必须远离冷漠,必须奉承"不伤害"原则或"最小伤害"原则(minimize harm)——新闻媒体要做的恰恰是以自己的职业规范去保护和彰显社会所稀缺的宝贵精神,去营造和建设社会所缺乏的温暖氛围,而不是以麻木与冷漠让这些宝贵精神与温暖氛围在世俗的荒漠中加速陨灭。

① 张晓锋:《新闻职业精神论纲》,北京,中国广播电视出版社,2011年,114页。

第六章

新闻从业人员满意度

第一节　生活满意度

在传媒技术不断升级更新、传媒资本持续有力推动之下，新闻行业出现了深刻的结构调整。传统媒体影响力日益下降，而以技术为核心、平台为依托的各种新媒体一时间快速发展，甚至拔得头筹。[①] 行业门槛降低使得数量庞大的、非新闻专业却也满怀新闻理想的从业者不断拥入，“多主体”丛生现象显著，但问题在于，理想和现实能否保持一致？新闻行业格局的改变给从业者个体的日常生活又带来了怎样的影响？新闻从业人员的生存情况，不能不成为当前学界和业界迫切关注的现实问题。

对于中国新闻从业人员生存状态的研究一直以来都是学界和业界重点讨论的话题。中国学者韩晓宁以对北京市所属体制内媒体的调查为基点，对传统体制内传媒从业者的工作满意度、离职可能原因、预期继续从业时间等各色问题进行研究，发现体制内传媒从业者对于自身的生活状态综合来看较为满意，其中最满意的是家庭关系，最不满意的是陪伴家人的时间和住

① 参见白红义：《重构传播的权力：平台新闻业的崛起、挑战与省思》，《南京社会科学》2018 年第 2 期。复可参见王斌、顾天成：《智媒时代新闻从业者的职业角色转型》，《新闻与写作》2019 年第 4 期。复可参见王斌、程思琪：《反推式变革：数字环境中的新闻消费特点和转型路径》，《编辑之友》2018 年第 12 期。

房条件。[①] 而周葆华、查建琨等学者关注的是网络新闻从业者的生存状况，2016年的调查结果显示，中国网络新闻从业者对生活状况的总体满意度均值为3.46，满意度最高的是"家庭关系"（均值3.76），相对较低的是"住房条件"（均值3.06）。[②] 这些既往研究，给我们以深刻启发。

继承并沿袭上述研究的意旨，本研究希望能够对北京地区新闻从业人员的生活满意度进行调查，以深化我们对北京地区新闻从业人员生存近况的进一步认识。丰富并完善对新闻从业人员这一群体的肖像描画，从而全面拓展对中国新闻从业人员职业状态的整体认知，始终是我们的研究初衷之所在。

条目建构

为全面调查北京地区新闻从业人员的生存状况，尤其是他们对于自身生活的综合评价，本次调查问卷设计主要从两个层面——从业者个人相关、从业者外部相关——加以考虑，预设了6项探测生活满意度的研究条目（详见表6-1）。与此同时，通过设计相应的李克特五点量表（从1到5，得分越高表示越看重、越认可、越肯定），详细测量各个研究条目的得分情况。

表6-1 新闻从业人员生活满意度条目建构

分　类	具体条目
个人相关	A. 心理健康状况
	B. 身体健康状况
	F. 从事个人业余爱好活动的时间与可能性
外部相关	C. 通勤条件
	D. 住房条件
	E. 陪伴家人的时间

具体来说，从业者个人相关是内部因素，指仅围绕该从业者个体感受或

① 韩晓宁：《体制内媒体从业者生存状态研究——以编制因素与职业忠诚度为视角》，《当代传播》2016年第4期。

② 周葆华、查建琨：《网络新闻从业者生存状况调查报告》，《新闻与写作》2017年第3期。

状况而展开的因素，从这个角度出发，设置了如“心理健康状况”“身体健康状况”“从事个人业余爱好活动的时间与可能性”等条目。从业者外部相关是外部因素，指围绕不大因从业者个人意志为转移的外部客观环境而展开的因素，从这个角度出发，设置了如“通勤条件”“住房条件”“陪伴家人的时间”等条目。

结果呈现

本次调查通过李克特五点量表，从两大方面共 6 个具体条目以及总体上来测量北京地区新闻从业人员对生活的满意程度。此处所谓的生活满意度，是指一个人对自己生活质量的认知评价和主观体验。

数据表明(详见图 6-1)，北京地区新闻从业人员对于个人的生活状态评价综合来看是较为满意的，整体满意度(均值 3.48)较韩晓宁 2016 年的调查结果(均值 3.43)略有提升。

其中，满意度最高的是“心理健康状况”(均值 3.73)，随之较高的两项

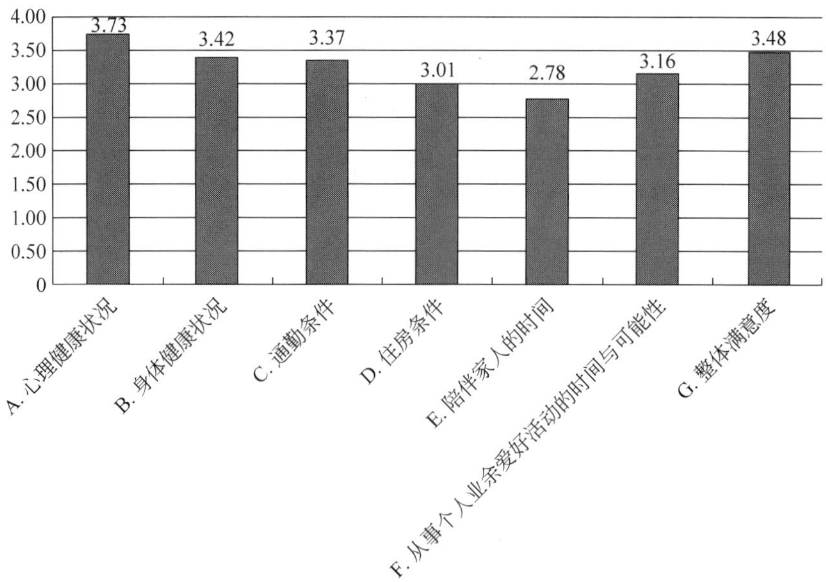

图 6-1　北京地区新闻从业人员生活满意度

是“身体健康状况”(均值 3.42)和“通勤条件”(均值 3.37)。满意度较低的是“从事个人业余爱好的时间与可能性”(均值 3.16)和“住房条件”(均值 3.01)。而条目“陪伴家人的时间”满意度最低,均值仅为 2.78(详见图 6-1)。可以看出,北京地区新闻从业人员对于自身的心理健康状况较为满意,却为由于工作原因陪伴家人时间少而备感焦虑。韩晓宁的研究结果基本也是如此,陪伴家人时间不足一直是日常生活中最令人懊恼的问题所在。[①]

我们的研究,不仅对新闻从业者整体进行了生活满意度调查,还将从业者类型细分为传统媒体、数字化传统媒体、互联网媒体、自媒体,从而希望进行相关对比分析。数据显示(详见图 6-2),数字化传统媒体、自媒体的工作人员,对个人生活的满意度普遍略高一些,尤其体现在“心理健康状况”“身体健康状况”“通勤条件”等方面;而传统媒体、互联网媒体,满意度普遍略低一些。

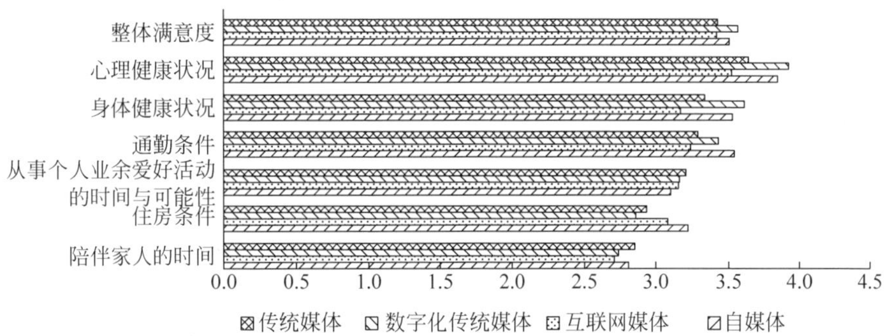

图 6-2 北京地区新闻从业人员(不同类型媒体)生活满意度

特别值得一提的是,在选项“陪伴家人的时间”之中,传统媒体新闻工作者的满意度(均值 2.9)比其他三类媒体的工作者的满意度(数字化传统媒体 2.7、互联网媒体 2.7、自媒体 2.8)略高,这是否说明,新媒体工作留给从业者的个人时间更少?抑或是,新媒体从业者不能经常在居住地工作,反而需要因工作差遣而奔波辗转?这与我们的“常识”是不一致的,因为我们一般会在脑海中假定,新媒体从业者的上班时间与地点更为弹性,甚至可以“在家上班”,自然可以“多多陪伴家人”——但摆在面前的实实在在的调查

① 韩晓宁:《体制内媒体从业者生存状态研究——以编制因素与职业忠诚度为视角》,《当代传播》2016 年第 4 期。

结果，却恰恰不是这样。这究竟是为什么？

相关讨论

基于上述对北京地区新闻从业人员生活满意度的调查数据，我们有如下粗浅讨论。

第一，从事新闻职业的工作者对于自身生活质量总体满意，但存在着工作和家庭不能两相兼顾的苦恼。调查显示，320 名新闻从业人员在全部条目中给“陪伴家人的时间”条目打了最低分，均值仅为 2.78（详见图 6-1）。这说明，从事新闻行业，不论是传统媒体，还是依托于新技术兴起的数字化传统媒体、互联网媒体、自媒体，都存在着因工作时间要求过于紧迫而不能如期或如愿陪伴家人的行业现状。这样的调查结果，对于新闻从业者来说，并不是一个良好的信号，因为家庭因素对于个人发展而言是至关重要的，甚至是首要因素。当下时代，确实很难想象，作为个体的工作者在希冀陪伴家人共度美好时光却终究不可得的苦恼之中，究竟还能在工作上有多么强烈而执着的进取之锐意？

而其中比较有趣亦值得深思的是，传统媒体的工作者较数字化传统媒体、互联网媒体、自媒体的工作者对于“陪伴家人的时间”这一条目的满意度略高一些，这意味着在传统媒体工作似乎会有更多的时间陪伴家人。这一细节，前文已有叙说，并提出了“为什么”的问题。依笔者之见，其原因大概在此：新媒体行业因新技术而发展，但同时也因新技术而被制约，技术的迅猛发展确乎是柄双刃剑。在一个“24 小时在线”的时代里，“如火如荼”之工作对“平静如水”之生活的肆意侵扰，早已是家常便饭。“随时随地可以工作”日益沦为“随时随地必须工作”，偶然一旦变为必然，生活的性质自然也就不可同日而语了。周葆华、查建琨等学者曾用“不固定”“日夜颠倒”等词汇来形容网络新闻编辑的工作性质，说的大抵也是同样的意思。[①] 夏倩芳、李婧等学者干脆直接批评了所谓的“弹性工作”：

---

① 周葆华、查建琨：《网络新闻从业者生存状况调查报告》，《新闻与写作》2017 年第 3 期。

> 弹性的工作时间与劳动方式看似使劳动者享有了自由与自主权，甚至能够很好地平衡家庭与工作的矛盾，但实际上，在工作质量与数量的压力下以及可能失去工作的威胁下，他们不得不更加努力地工作。所谓的弹性日程安排，实际是不稳定的生活状态与保持待命的工作压力。正如广告业务员必须一直疲于奔命地寻找合约，新闻从业者必须为挣够体面生活的钱而加班加点。[①]

常江的文章里，一位受访者说得更生动、更晓畅：

> 在数字化之前，编辑部门已经是24小时不间断运转的了。数字化完成后，情况变得更加荒唐可笑，很多编辑甚至会因为偶尔离开了自己的办公桌而产生愧疚感，因为他们觉得自己浪费了太多时间……[②]

第二，在数字化传统媒体、自媒体工作比在传统媒体、互联网媒体工作更能使从业者在生活状态上感到满意。调查显示，在各个条目的得分之中，数字化传统媒体和自媒体工作者的生活满意度普遍略高，传统媒体和互联网媒体则稍有逊色。此种结果的产生，似乎可以归因于各类型媒体在薪资福利、工作环境等方面给予从业者的不同待遇，生活满意度毋庸置疑地与工作满意度紧密勾连在一起。

必须承认，得分较高的两种媒体均是新技术升级的产物，尤其是自媒体。众所周知，自媒体基本上是依托各个社交平台方才出现的"个人媒体"，自主化程度和商业化程度较高，同时，自媒体从业人员中硕士及硕士以上学历人员比例最高（据本次调查，自媒体中硕士及硕士以上学历人员达到34.3%，详见第七章），薪资水平也相对较高（据本次调查，月收入5000元以下的，自媒体中无人如此，但在其他三类媒体中均有人如此，详见第七章）。正是自媒体借助互联网发展的迅猛态势快速拉升了行业薪资水平。至于数字化传统媒体的情况，似乎更为复杂一些，很可能关乎从业人员自身的"年龄"问题（详见第七章）。

---

① 夏倩芳、李婧：《媒体从业者的劳动权困境及其形塑机制》，《学术研究》2017年第4期。

② 常江：《规范重组：数字媒体环境下的新闻伦理体系建构》，《新闻记者》2019年第8期。

第二节　工作满意度

不消说，在技术和资本的推动下，传媒业的边界正在逐渐扩张，竞争也越发激烈。但令人感觉奇诡的是，与传媒业边界扩张几乎同时发生的，却是大量新闻从业人员的辞职或转行。以南方报业集团为例，2015 年南方报业集团有 213 名集团聘员工离职，这一数据在 2012 年、2013 年、2014 年分别是 141 人、176 人、202 人。[①] 造成人员流失的原因自然有很多，其中，工作满意度低或许是其中最重要的因素。

工作满意度，大约是指个体对其所从事的工作的整体态度。这一态度，无论对于个体而言，还是对于其所供职的单位来说，都是极端重要的。因为，工作满意度既会影响新闻从业人员的工作积极性和在新闻实践中的实际工作效率，也会进一步影响新闻媒体的内容品质及竞争力，甚至进一步影响作为专业的新闻职业在更为广泛的意义上所能够发挥的社会功能。

文献回顾

中国学者韩晓宁的文章《体制内媒体从业者生存状态研究——以编制因素与职业忠诚度为视角》是一篇非常重要的参考文献。该文对传统体制内传媒从业者的工作满意度、离职可能原因、预期继续从业时间等各色问题进行了细致研究。[②]

离职原因是异常复杂的，较难一概而论。首先，新闻从业人员往往对薪酬福利不够满意，多年来待遇没有明显提升的情况已是家常便饭，许多员工

① 参见李彪、赵睿：《传统媒体从业者职业转型意愿研究——以北京、广州两地新闻从业者调查为例》，《编辑之友》2017 年第 6 期。

② 韩晓宁：《体制内媒体从业者生存状态研究——以编制因素与职业忠诚度为视角》，《当代传播》2016 年第 4 期。

认为自己的付出与回报不成正比。数据显示，大部分北京市属媒体基层从业人员月收入为5000～6000元，中层管理人员月收入也不过8000元左右，只有极少数人能接近月薪20000元。依照韩晓宁的观点，薪酬福利水平低应该是导致新闻从业人员离职的主要原因。极其类似地，陈敏、张晓纯的话语研究，也提到过这个环节，不少新闻从业人员选择离职确实是因为待遇过低。原《凤凰周刊》执行主编黄章晋就这样讲过："很多人做一辈子记者也很难混成钱多事少的编委，成就感和待遇没办法得到满足。"[①]基本待遇跟不上，体制保障难指望，这是促使新闻从业人员离职的关键原因之一。[②] 夏倩芳、李婧等学者甚至指出，我国媒体记者的收入状况是"十年无增长"。[③]

其次，编制因素同样不可不察，在兼备不同聘用方式的新闻媒体单位之内，编制外从业人员能否获得和编制内从业人员同等水平的薪酬福利、发展机会、人际尊重，势必影响每一位从业人员的工作积极性，甚至进一步影响其职业忠诚度。调查显示，受访者确实认为编制差异会给待遇公平带来一定的负面影响。韩晓宁2016年的调查结果，在李彪、赵睿2017年的调查结果中，也有回响。李彪、赵睿的文章指出："有事业单位编制和企业聘身份的差异，这种境况造成了内部职业认同错位，一定程度上增强了职业转型的意愿。"[④]

对于人力资源管理的问题，韩晓宁提出了若干建议。譬如，在薪酬福利水平确实不高的情况下，精神关怀就显得尤为重要——这也差不多算是"不是方法的方法"了。即使如此，就目前情况而言，大部分的员工精神关怀工作，还都是由传统的工会体系来完成的，而这显然不够。

---

① 转引自陈敏、张晓纯：《告别"黄金时代"——对52位传统媒体人离职告白的内容分析》，《新闻记者》2016年第2期。

② 大学生在择业的时候，自然也要考虑待遇与薪资的问题。参见陶建杰、张涛：《上海地区新闻专业本科生的职业认同及其影响因素》，《国际新闻界》2016年第8期。陶建杰、张涛在文章中说："新闻行业的薪资，缺乏未来成长性，也阻碍了相当部分学生毕业后选择该行业。"

③ 夏倩芳、李婧：《媒体从业者的劳动权困境及其形塑机制》，《学术研究》2017年第4期。

④ 李彪、赵睿：《传统媒体从业者职业转型意愿研究——以北京、广州两地新闻从业者调查为例》，《编辑之友》2017年第6期。复可参见夏倩芳、李婧：《媒体从业者的劳动权困境及其形塑机制》，《学术研究》2017年第4期。

条目建构与结果呈现

重点借鉴韩晓宁的研究，本次调查预设了11项条目（详见表6-2）。[①] 与此同时，设计了相应的李克特五点量表（从1到5，得分越高表示越看重、越认可、越肯定），加以详细测量。

表6-2 新闻从业人员工作满意度条目建构

A. 与同事之间的相处关系
B. 主管领导的能力
C. 工作中学习新知识的机会
D. 工作的自主程度
E. 工作的社会影响
F. 工作时间的弹性与可驾驭
G. 工作的自我成就感与自我满足感
H. 绩效考核制
I. 职位升迁的机会与速率
J. 薪酬外的其他福利待遇
K. 工作薪酬收入水平

本次调查发现（详见图6-3），亦即通过李克特五点量表的测量，最终结果可见，新闻从业人员对工作满意情况得分排名前三位的分别是：

——“与同事之间的相处关系”（均值4.09）；[②]

——“工作中学习新知识的机会”（均值4.04）；

——“主管领导的能力”（均值4.00）。

以上三个条目的得分皆在4.00分及以上，遥遥领先，可以算作第一梯队。

---

① 参见韩晓宁：《体制内媒体从业者生存状态研究——以编制因素与职业忠诚度为视角》，《当代传播》2016年第4期。复可参见周畅、徐志武：《青年编辑职业认同提升策略研究——以工作满意度为视角》，《出版发行研究》2017年第12期。

② 张志安等学者在2011年做过面向调查记者的大规模调研工作，就工作满意度而言，排名第一的也是“同事关系”。也就是说，调查记者对于“同事关系”是最感到满意的。张志安等学者所得到的这个调查结果，与我们当下的调查结果，是一致的。但是，若论及排名第二的条目及后续其他条目，排序情况就完全不一样了。参见张志安、沈菲：《调查记者的职业满意度及影响因素研究》，《新闻与传播研究》2012年第4期。

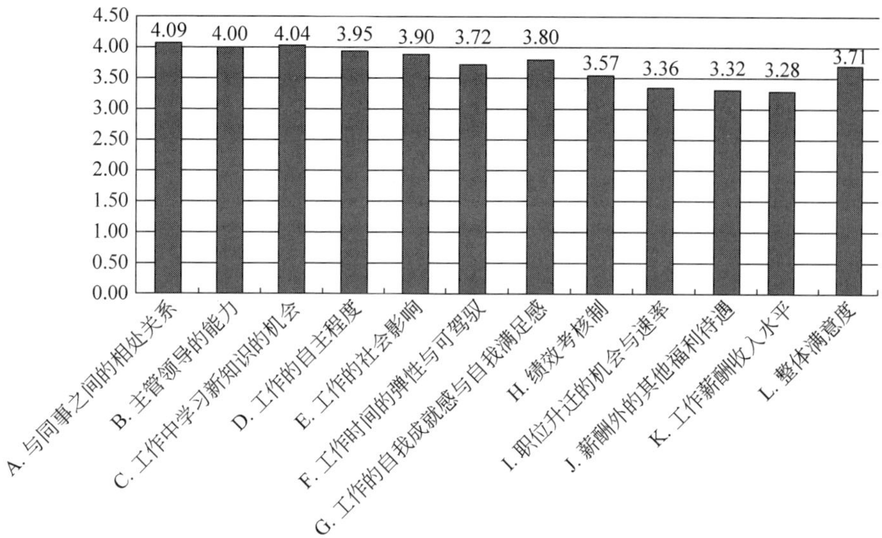

图 6-3　北京地区新闻从业人员工作满意度

接下来，在社会和自我的交互过程中，新闻从业人员的工作满意度就相对来说低一些了。诸如“工作的社会影响”(均值 3.90)、“工作的自我成就感与自我满足感”(均值 3.80)、“工作的自主程度”(均值 3.95)、“工作时间的弹性与可驾驭”(均值 3.72)，这四个条目可以算作第二梯队。

在工作所得到的具体回报方面，新闻从业人员的工作满意度最低，分别为“绩效考核制”(均值 3.57)、“职位升迁的机会与速率”(均值 3.36)、“薪酬外的其他福利待遇”(均值 3.32)、“工作薪酬收入水平”(均值 3.28)。以上四个条目，只能沦为第三梯队了。

尤其注意，“工作薪酬收入水平”得分垫底，这种情况并不罕见，周畅、徐志武在 2017 年所开展的针对青年编辑人员的工作满意度调查，也曾得出了同样结论，工作薪酬收入水平低是令人最不满意之处。[①] 陈敏、张晓纯所展开的话语研究，得到的相关结论也是类似的：待遇低，始终是难解之症结。[②]

① 周畅、徐志武：《青年编辑职业认同提升策略研究——以工作满意度为视角》，《出版发行研究》2017 年第 12 期。

② 陈敏、张晓纯：《告别“黄金时代”——对 52 位传统媒体人离职告白的内容分析》，《新闻记者》2016 年第 2 期。

相关讨论

由是观之，北京地区新闻从业人员的工作满意度，有以下三个尤其值得关注的地方。

第一，新闻从业人员的整体工作满意度较高，不满意的方面则集中于现实回报问题，诸如薪酬收入、福利待遇、职位升迁等，这一窘况在我们所调查的四种新闻媒体类型中都有体现。笔者希望着重指出的是，就调查数据而言，新闻从业人员对"同事间关系""主管领导能力""学习新知识""工作的社会影响"的满意程度要明显高于"报酬收入""福利待遇""职位升迁"的满意程度。这似乎暗示着，在入行工作初期，大部分怀揣新闻理想的新闻从业人员往往渴求自己的人生价值在社会中有所体现，渴求不断提升自身水平，且能够得到身边同事与领导的普遍认可，而并非渴求纯粹的经济回报。然而，随着个人的年龄与阅历的增长，或者由于家庭与生活之压力的不断叠加，从业人员也同时渴求应得的现实经济回报，毕竟经济回报还是单位留人的基础之一。仅靠对同事关系、领导能力的满意，以及若干非经济性回报，坦率而言，恐怕是难以支撑新闻从业人员持续从事相关新闻工作的。

第二，新闻从业人员普遍认为自己可以在新闻工作中创造价值并作用于社会，因而对于工作发挥的社会影响力是比较满意的。在条目中，唯一的一个将社会与自我直接结合的选项——"工作的社会影响"，得分为 3.90。几乎可以由此断定，在新闻工作中，新闻从业人员对于自己所做工作的社会影响比较看重。那么，相应地，在社会中广泛倡导对新闻从业人员的尊重，提高其在社会中的地位，从而使新闻从业人员获得更大的成就感与满足感，也就尤为关键、值得重视了。

第三，另一个不可不察的细节是，新闻从业人员对于"学习新知识的机会"是比较看重的，也是相对来说比较满意的。换句话说，新闻媒体单位能否给员工提供进一步深造或发展的机会，是一件很重要的事儿。工作，其基本目的固然是为了维持一定生活水平，获得相应的生活经济来源，但同时，它也要在某种程度上为每一位员工个体提供得以继续完善自身的方式与途径。不断突破自己之前的认知藩篱，培养更加高敞的思考方式，见识更加广博的知识地图，这些接触新思想、习得新知识的机会，对于新闻从业人员的工作满意度的影响，的确不小。一旦被提供了这样的“学习新知识的机会”，从业人员的工作状态自然就会更好、更佳，心情也会越发舒畅。那么，话说回来，在“多主体”冲击和互联网技术迅猛发展的驱动之下，新闻从业人员最渴望学习的“新知识”究竟是什么呢？正如之前的章节所已经指出的，目下比较受青睐的“新知识”主要是“互联网营销知识”“编辑制作软件操作技术”“新媒体技术下的伦理法规知识”(详见第三章)。

简单的结语

一言以蔽之，本研究通过实证调查，较为精准和详细地分析了当前北京地区新闻从业人员的生活状况与工作状况，补充和丰富了北京地区新闻从业人员的相关研究资料。归根结底，在行业形态快速变革、多种类型媒体齐头并进的大环境中，本研究希望能够为进一步掌握新闻从业人员自身认知情况提供一手数据，更希望在此基础上能够对日新月异的大环境下中国新闻从业人员专业意识研究有所拓展与深化。正如笔者在前文已然申述过的，丰富并完善对新闻从业人员这一群体的肖像描画，一直是我们的研究初衷之所在。

第七章

新闻从业人员的若干社会属性

年龄结构

新闻从业人员年轻化，的确是意料之中的事。本次调查显示，超过60％的新闻从业人员，其年龄介于26～35周岁之间（详见图7-1）。

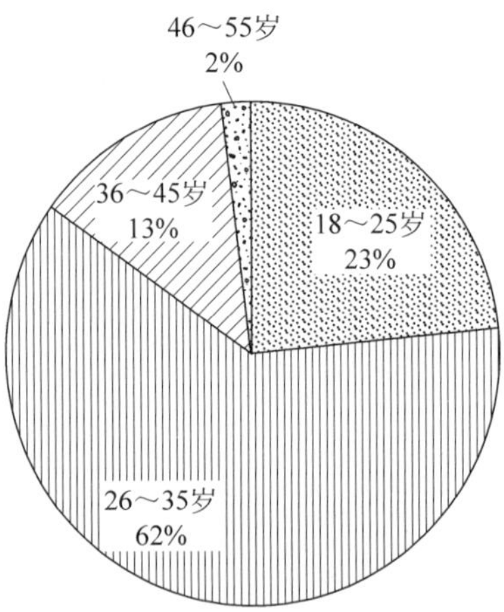

图7-1　新闻从业人员的年龄结构

如果进一步对不同类型媒体加以观察，则结果是：随着传统媒体数字化转型趋势越发明显，生力军逐渐补充到数字化传统媒体中去，使供职于数字化传统媒体的从业人员的年龄结构更趋年轻化（详见图7-2）。数据显示，供职于数字化传统媒体的工作人员之中，35岁以下的年轻人占了92.2％。

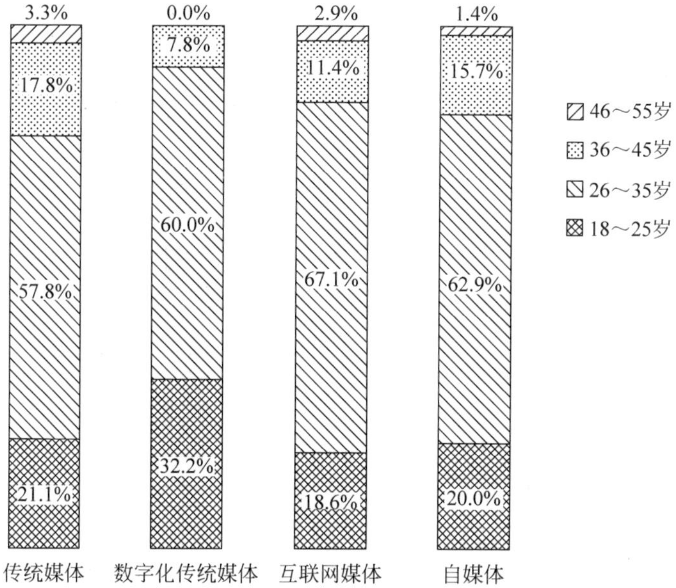

图 7-2　新闻从业人员(不同类型媒体)的年龄结构

学历情况

本次调查显示，绝大部分新闻从业人员具备本科及以上学历(详见图 7-3)，自媒体中硕士及硕士以上学历从业者比例更高(详见图 7-4)。数据显示，自媒体从业者中硕士及硕士以上学历人员占比为 34.3％。

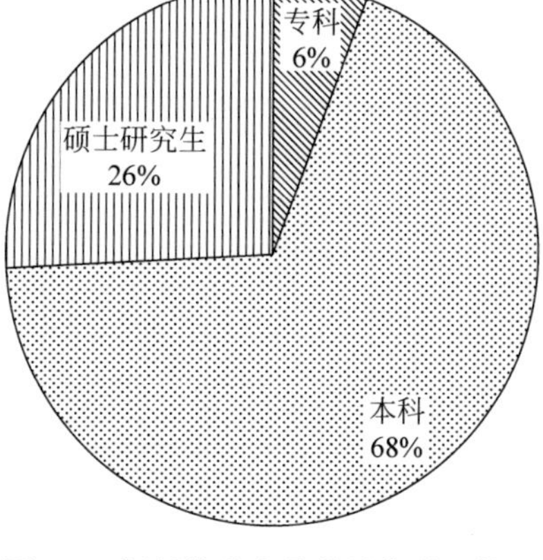

图 7-3　新闻从业人员的最终学历情况

2014年，张志安等学者在其大型调查报告中指出："我国新闻从业者日益呈现出年轻化、高学历特征。"①这个判断，即使以现在的眼光来看，依然是非常合乎实情的。

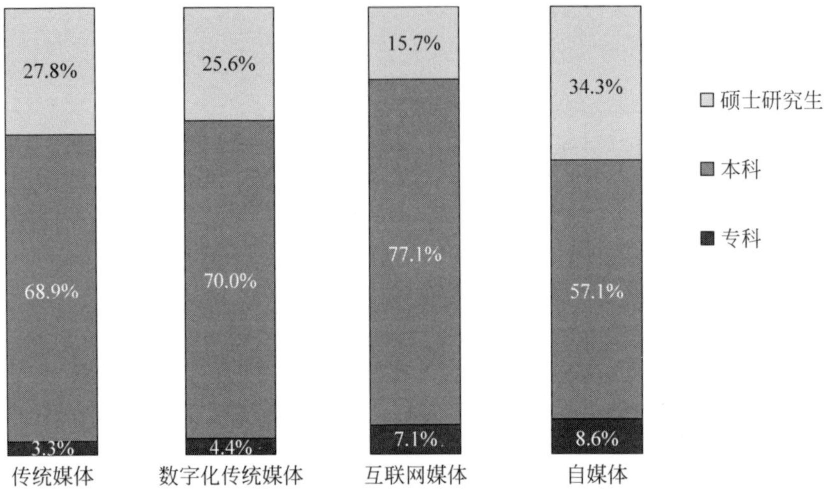

图 7-4 新闻从业人员(不同类型媒体)的最终学历情况

报道领域

就报道领域而言，传统媒体仍以报道财经、时政、社会、民生等题材为主，其中最受关注的是金融财经新闻，占比 26.7%。互联网媒体与自媒体则更偏重报道技术感浓、时效性强的科技及娱乐新闻(详见图 7-5)。譬如，互联网媒体对科技新闻的报道，占比 27.1%，而传统媒体对科技新闻的报道占比不超过 15%。依笔者揣想，互联网媒体本身就是一种建立在高科技发展前沿之上的新型媒体形式，它对于科技新闻情有独钟，也是自然而然的。当然，互联网媒体对于金融财经新闻也并非不重视，反而是加大报道力度的。

① 张志安、张京京、林功成：《新媒体环境下中国新闻从业者调查》，《当代传播》2014 年第 3 期。

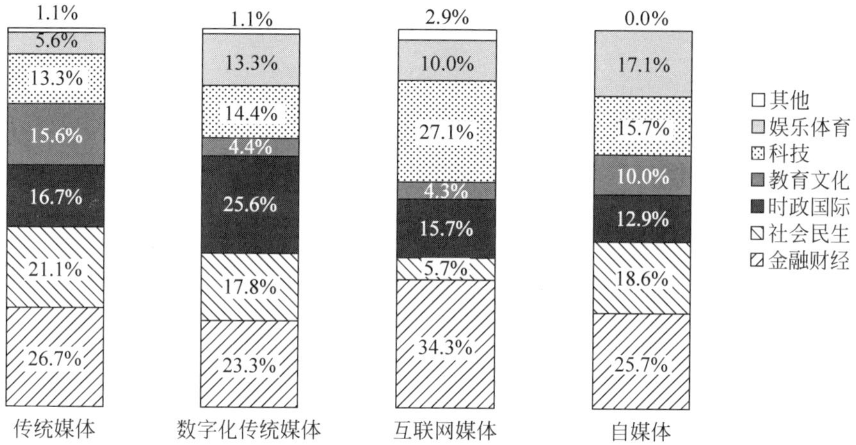

图 7-5 新闻从业人员的基本报道领域

薪资水平

前文已述，薪资水平是影响工作满意度、生活满意度的重要指标。既往的研究已经指出，新闻从业人员往往对薪酬水平不够满意甚至最不满意（详见第六章）。本次调查，结果基本类似。大部分从业人员的薪资水平处于每月 5000～10000 元的区间（详见图 7-6）。月薪不足 5000 元的从业人员，占比 9%——大家要掂量一下，在北京地区生活与工作，月薪不足 5000 元，将会意味着什么。

如果进一步对不同类型媒体加以观察，则结果是：数字化传统媒体或因处于转型期，年轻的生力军薪资待遇普遍更低（详见表 7-1），21.1%的从业人员月薪不足 5000 元。相对照的是，自媒体从业人员的薪资水平最高（详见表 7-2），月薪不足 5000 元的情况为 0，月薪达到 4 万元以上的占 4.3%左右。无需多言，数字化传统媒体的待遇看来确实不怎么好，自媒体待遇却如此之好，那么，放弃前者而追寻后者，大概也就成了一种自然而然的择业趋势了。当然，“收入不固定”本身也另有耐人寻味之处，自媒体“收入不固定”的情况最突出，其比例明显高于其他三类媒体。也就是说，自媒体的从业人员，虽然看似挣得多，但其薪资水平“忽高忽低”的情况最易于发生。

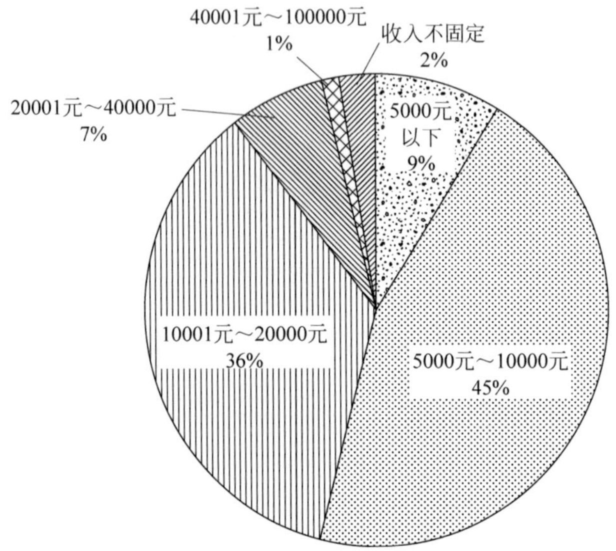

图 7-6　新闻从业人员的月收入

表 7-1　数字化传统媒体从业人员的薪资水平　　元

数字化传统媒体从业人员的月收入情况概览					
5000 以下	5001～10000	10001～20000	20001～40000	40001～100000	收入不固定
21.1%	50.0%	26.7%	2.2%	0	0

表 7-2　自媒体从业人员的薪资水平　　元

自媒体从业人员的月收入情况概览					
5000 以下	5001～10000	10001～20000	20001～40000	40001～100000	收入不固定
0	40.0%	38.6%	10.0%	4.3%	7.1%

此外，还有一个特殊情况值得再探究、再琢磨。我们的研究显示，就生活满意度而言，在数字化传统媒体、自媒体工作比在传统媒体、互联网媒体工作更能使从业者在生活状态上感到满意（详见第六章）。换句话说，数字化传统媒体和自媒体的工作者的生活满意度普遍略高。这个结论与此处我们讨论的薪资水平存在着龃龉。因为单就薪资水平来说，在数字化传统媒

体工作的从业人员状况最为窘迫。我们就不得不生发出这样的疑问来了：在数字化传统媒体工作的从业人员，薪资水平不高，却为何生活满意度反而略高？如何解释这一现象？当然，我们姑且可以笼统地说，薪资水平之高下，绝不是衡量生活满意度之高下的唯一标准，甚至也不是关键标准；然而，如何具体而细微地对薪资水平与生活满意度之间的复杂关系加以分析与阐释，似乎确实是未来研究的一个可能的方向。尤其是，供职于数字化传统媒体的从业人员，特别值得再审视：他们是一群收入微薄却对生活始终抱有诚挚热情的年轻人。也就是说，或许恰恰是"年龄"的缘故，使供职于数字化传统媒体工作的从业人员——无论薪资水平如何——都必然豁达而乐观：不曾经历太多人生磨难，尚未承受太重家庭负担，年轻本身就是欢乐的来源。

性别比例

张志安等学者 2014 年的调查报告称："从调查样本看，男性与女性新闻从业者的比例分别为 48.5％和 51.5％，基本持平。"[①]我们此次的调查结果几乎完全一致，整体格局就是：男女基本平衡，女性略多（详见图 7-7）。

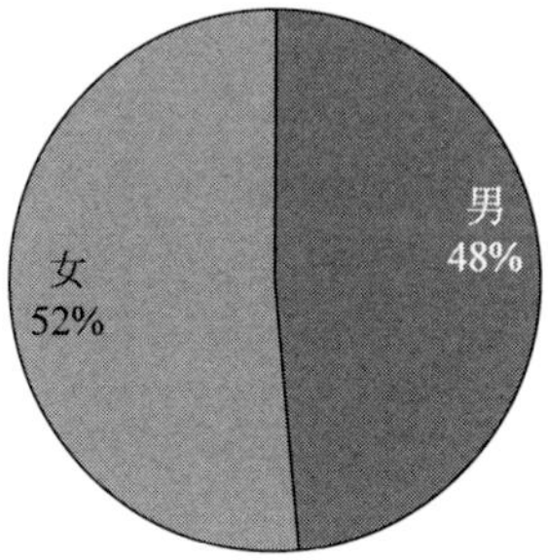

图 7-7 新闻从业人员的性别比例

关于性别比例的问题，笔者建议采取一种更为社会的、文化的方式加以理解，即，千万不要陷入本质主义的泥坑里去。因为，在性别这个问题上，很

① 张志安、张京京、林功成：《新媒体环境下中国新闻从业者调查》，《当代传播》2014 年第 3 期。

容易滋生“某一个性别天生更适合某一个工作”的观点，对此，我们尤其要持有警惕之心。原先，我们常常听到这样的说法，认为男性天生更适合新闻工作，因为摄像机之类的摄录器械需要肩扛手提，比较费劲，外出采访也常常风餐露宿，怎么看怎么是个“凭力气”的活儿，大概不适合女性来参与，男性才是搞新闻工作的上佳人选。后来，我们又常常听到几乎完全相反的说法，认为新闻工作最需要的始终是文字处理能力（记忆与写作）、协调合作能力（交流与采访），而天生擅长这些能力的反倒是女性，不是男性。上述这些说法互相矛盾，根本不可能得出任何确定性的答案。还有一些说法，更是倒果为因，等于什么都没说。譬如讲，因为高校新闻专业招收的女生多、男生少，所以，未来的女性新闻工作者肯定就会多——说这话的人或许忘了问问：此时此刻的高中女生为什么更倾向于报考高校的新闻专业？高中男生却不倾向于报考？

无论如何，在性别的问题上，如果坚持必须对其加以分析的话，那么，还是坚持一种社会的、文化的分析视角更为妥当。“天生如此”的事往往是最不靠谱的，甚至，是最具有危害性的。可是，令人尤其扼腕的是，在面临与性别有关的诸多问题的时候，世人往往更偏爱“天生如此”的观点。

教育背景

前文已述，本研究特别关注了受访者的专业教育背景（详见第三章）。在 320 位受访者中，文学专业（含新闻传播学）背景在传统媒体、数字化传统媒体、互联网媒体、自媒体中分别占比 51.1％、52.2％、41.4％、40.0％，其他专业背景各有一些。总体而言，新闻从业人员的专业背景呈多元化布局，而绝不是文学专业背景完完全全的“一枝独秀”了。这从侧面暗示了未来的新闻传播专业教育似乎也应该是更趋多元、不拘一格的。

另一个细节是，具有艺术学专业背景的新闻从业人员目前已占一定比例。总体而言，受访者中有 7.19％（详见图 7-8）的新闻从业人员有艺术学专业背景，而这个比例此前在传统媒体中一直是偏低的（大约仅为 4.4％）。越来越多的新闻从业人员拥有艺术学专业背景，无疑为新闻这个旧行业注入了新活力，提振了士气，这毕竟是值得欣慰之事。

——以上是受访者的一些基本社会属性的情况，我们就姑且说到这里。

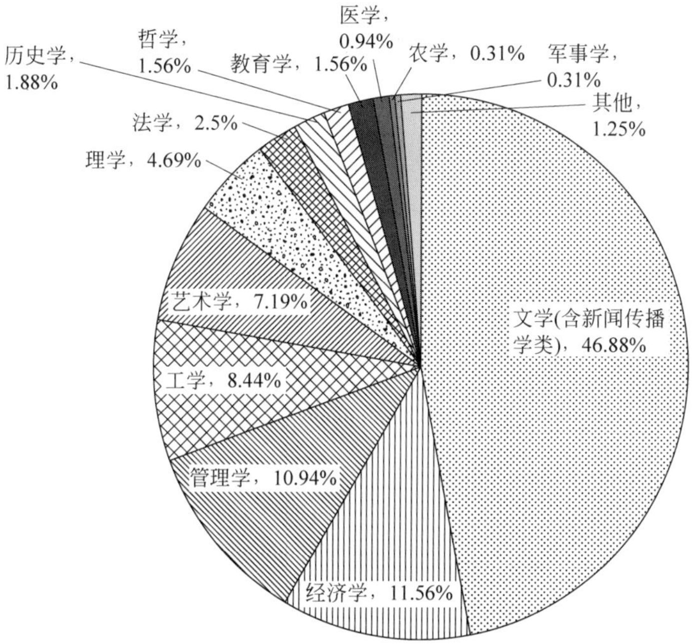

图 7-8 新闻从业人员的专业教育背景

终　章

当下的新闻传播环境不断变化，新闻从业人员的专业意识也会伴随环境的变化而产生相应变化。因此，未来传播环境与新闻从业人员专业意识之间的关系问题，理应成为未来研究的重要方向。而同时可以料想的是，新闻从业人员的专业意识的变化，也必定为高校新闻教育指引方向。如何培养出适应时代前行的新闻传播专业人才？如何才能不断促进我国新闻业的整体与长足的进步？这恰恰是这个伟大的变迁时代赋予我们的关键课题。

夙夜匪懈，本次调查在力所能及的情况下获得了一些基本调查结果，请容许我们把其中最关键的一些结果，再次罗列一下：

供职于数字化传统媒体的从业人员普遍年轻。

绝大部分新闻从业人员具备本科及以上学历。自媒体中硕士及以上学历从业者比例更高。

传统媒体仍以报道财经、时政、社会、民生等题材为主，其中最受关注的是金融财经新闻。互联网媒体与自媒体则更偏重报道技术感浓、时效性强的科技及娱乐新闻。

数字化传统媒体或因处于转型期，年轻的生力军薪资待遇普遍较低。

大部分新闻从业人员认为其所承担的“社会角色”首先是宣传者，第二是参与者，第三是观察者，最后是营利者。

新闻工作主要承担的社会功能有二：为受众提供信息、宣传党的方针路线政策。辟谣也成为异常瞩目的社会功能之一。

新闻价值诸要素之中，最关键的要素依然是时效性与接近性。

就择业动机而言，新闻从业人员具有较高的职业理想与较浓的社会责任意识，个人能否实现个性化发展似乎已成为新闻从业人员在进行职业选择时加以考量的重要因素。

在采访者与被采访对象关系高低、人道主义与专业主义之矛盾等具体伦理问题上，依然存在认知模糊之处。

就工作满意度而言，大部分新闻从业人员对和同事及主管的良好合作关系表示满意。最不满意的，始终是工作薪酬收入水平。

就生活满意度而言，陪伴家人时间不足是目前最突出的棘手问题。

新媒体发展趋势下，新闻从业人员对“新闻传播学专业人才在新媒体相关工作中发挥的作用”说法不一。

新闻从业人员普遍存在知识焦虑，希望学习更多知识，特别对新媒体技术有所青睐，最希望学习的内容是“互联网营销知识”“编辑制作软件操作技术”与“新媒体技术下的伦理法规知识”。

宕开一笔，值得最后一提的是，更加多元、深入、高级的研究方法的采用，特别值得期待。本研究目前所采用的研究方法，毕竟失于粗浅，换句话说，数据分析的级别过于简单，研究分析始终局限在描述统计之内，没有使用推断统计，研究的讨论亦较为抽象与一般，缺乏推断统计的技术支撑。[①] 再放开一些眼光来看，量化研究方法本身也只是一种方法而已，如果能辅以深度访谈、田野调查等质化研究方法，“多管齐下”，则研究的整体水平或可大幅提升，以期获得更具说服力或更具洞察力的研究结论。这些良好而切实的研究愿望，在未来的实际工作中，希望能够得以一步一步地实现。

---

① 类似的相关讨论，关于研究方法的评析，参见[美]希伦·A. 洛厄里、梅尔文·L. 德弗勒：《大众传播效果研究的里程碑》，刘海龙等译，北京，中国人民大学出版社，2009年，165、196、197页。

——卑之无甚高论！中国是一个大国，我们还希望她能够成为一个真正的强国，而实现民族振兴的伟大目标缺少不了中国新闻从业人员的努力。当我们静心审视自己的工作目标和未来前途时，一种油然而生的社会责任感成为我们前行的巨大动力。而要实现我们的目标，正确的观念与清醒的意识无疑是前行的灯塔。

为着中国的进步，为着人民的幸福，为着世界的和谐稳定，我们都没有理由放弃自己的思考与责任。

参考文献

论文

[1] 白红义：《从技术创新到新闻创新：重塑新闻业的探索性框架》，《南京社会科学》2016年第10期。

[2] 白红义、李拓：《新闻业危机应对策略的"正当化"话语：一项基于中国媒体宣言的探索性研究》，《新闻大学》2017年第6期。

[3] 白红义：《重构传播的权力：平台新闻业的崛起、挑战与省思》，《南京社会科学》2018年第2期。

[4] 卞冬磊：《"社会世界"的更新：新闻与现代性的发生》，《国际新闻界》2014年第2期。

[5] 曹鹏：《如何根治屡禁不止、愈演愈烈的有偿新闻》，《新闻记者》2010年第8期。

[6] 常江：《规范重组：数字媒体环境下的新闻伦理体系建构》，《新闻记者》2019年第8期。

[7] 陈楚洁：《"从前有一个记者，后来他去创业了"——媒体创业叙事与创业者认同建构》，《新闻记者》2018年第3期。

[8] 陈力丹：《我国传媒业的职业道德意识与自律建设》，《现代传播》2007年第1期。

[9] 陈力丹：《人的记忆、搜索引擎与新闻传播学研究——搜索引擎批判》，《新闻界》2019年第1期。

[10] 陈敏、张晓纯：《告别"黄金时代"——对52位传统媒体人离职告白的内容分析》，《新闻记者》2016年第2期。

[11] 陈彤旭：《后亚文化与流行音乐生产》，《当代青年研究》2013年第1期。

[12] 陈阳：《当下中国记者职业角色的变迁轨迹——宣传者、参与者、营利者和观察者》，《国际新闻界》2006年第12期。

[13] 丁方舟：《"理想"与"新媒体"：中国新闻社群的话语建构与权力关系》，《新闻与传播研究》2015年第3期。

[14] 樊亚平：《避免媒介素养教育的泛化》，《当代传播》2006年第4期。

[15] 范红波：《从新闻事件真实与本质真实的关系看"走转改"的必要性》，《新闻世界》2013年第4期。

[16] 范以锦：《新环境下媒体人的价值与理想追求》，《新闻战线》2016年第5期。

[17] 郭镇之：《公民参与时代的新闻专业主义与媒介伦理：中国的问题》，《国际新闻界》2014年第6期。

[18] 韩晓宁:《体制内媒体从业者生存状态研究——以编制因素与职业忠诚度为视角》,《当代传播》2016 年第 4 期。
[19] 何文旭:《人文视域中的新闻真实》,《记者摇篮》2013 年第 11 期。
[20] 贺明华:《论美国新闻教育模式的形成及价值》,《国际新闻界》2011 年第 8 期。
[21] 黄旦:《新闻传播学科化历程：媒介史角度》,《新闻与传播研究》2018 年第 10 期。
[22] 黄旦:《试说“融媒体”：历史的视角》,《新闻记者》2019 年第 3 期。
[23] 黄河、康宁:《移动互联网环境下群体极化的特征和生发机制——基于“江歌案”移动端媒体文本和网民评论的内容分析》,《国际新闻界》2019 年第 2 期。
[24] 黄卫星、王薇:《新闻的局部真实与整体真实》,《采写编》2014 年第 4 期。
[25] 季为民:《灾难报道的新闻职业规范——以四川汶川大地震的新闻报道为例》,《国际新闻界》2008 年第 8 期。
[26] 金观涛:《反思“人工智能革命”》,《文化纵横》2017 年第 4 期。
[27] 匡文波:《5G：颠覆新闻内容生产形态的革命》,《新闻与写作》2019 年第 9 期。
[28] 李彪、赵睿:《传统媒体从业者职业转型意愿研究——以北京、广州两地新闻从业者调查为例》,《编辑之友》2017 年第 6 期。
[29] 李泓江、杨保军:《“液态”理论的旅行及其对新闻学研究的启示》,《社会科学战线》2019 年第 9 期。
[30] 李良荣:《新闻专业主义的历史使命和当代命运》,《新闻与写作》2017 年第 9 期。
[31] 李良荣、郭雅静:《三足鼎立下的网络媒体的态势及其治理之策》,《国际新闻界》2019 年第 10 期。
[32] 李小平:《新闻报道必须遵循真实性原则》,《新闻传播》2012 年第 11 期。
[33] 李艳红:《重塑专业还是远离专业？——从认知维度解析网络新闻业的职业模式》,《新闻记者》2012 年第 12 期。
[34] 李艳红:《重塑专业还是远离专业？——从伦理和评价维度解析网络新闻业的职业模式》,《新闻记者》2013 年第 2 期。
[35] 李艳红、陈鹏:《“商业主义”统合与“专业主义”离场：数字化背景下中国新闻业转型的话语形构及其构成作用》,《国际新闻界》2016 年第 9 期。
[36] 林嘉琳、陈昌凤:《人工智能时代的舆论引导》,《中国记者》2019 年第 9 期。
[37] 刘东倩:《战争中的新闻摄影亦应遵循新闻职业道德》,《国际新闻界》2010 年第 12 期。
[38] 刘海明、陈心茹:《强化对媒体从业者非职业行为的应急管理》,《青年记者》2019 年 5 月(上)。
[39] 刘宏宇、刘亚光、李婧文:《虚拟性媒介研究范式导论——理解作为媒介基本属性的虚拟性》,《中国人民大学学报》2019 年第 2 期。
[40] 刘娟:《现代性视野下的西方新闻业危机：起源与启示》,《编辑之友》2019 年第 5 期。
[41] 刘焱:《友邦惊诧“车马费”》,《国际公关》2011 年第 6 期。
[42] 卢家银:《论隐私自治：数据迁移权的起源、挑战与利益平衡》,《新闻与传播研究》2019 年第 8 期。

[43] 陆晔、俞卫东：《传媒人的职业理想——2002 上海新闻从业者调查报告之二》，《新闻记者》2003 年第 2 期。
[44] 陆晔、俞卫东：《传媒的媒介观和伦理观》，《新闻记者》2003 年第 4 期。
[45] 陆晔、周睿鸣：《“液态”的新闻业：新传播形态与新闻专业主义再思考——以澎湃新闻“东方之星”长江沉船事故报道为个案》，《新闻与传播研究》2016 年第 7 期。
[46] 罗雪蕾：《媒介融合时代下的新闻直播活动》，《现代传播》2012 年第 3 期。
[47] 吕鹏：《作为假象的自由：用户生成内容时代的个人与媒介》，《国际新闻界》2017 年第 11 期。
[48] 吕鹏、王明漩：《短视频平台的互联网治理：问题及对策》，《新闻记者》2018 年第 3 期。
[49] 牛静：《缘起与路径：自媒体用户信息传播伦理规范的拟定》，《青年记者》2019 年 8 月(下)。
[50] 潘曙雅、张璇：《智媒时代新闻采编业务的重构》，《新闻与写作》2018 年第 4 期。
[51] 强月新、刘莲莲：《历史性介入、制度化约束与多面向拓展——中国新闻业务研究百年回顾与思考》，《新闻与传播评论》2018 年第 1 期。
[52] 乔新玉：《浅议新闻真实的边界》，《文化与传播》2013 年第 3 期。
[53] 秦汉：《新闻媒介体制：要素、内涵与特征》，《国际新闻界》2018 年第 7 期。
[54] 芮必峰：《新闻专业主义：一种职业权力的意识形态——再论新闻专业主义之于我国新闻传播实践》，《国际新闻界》2011 年第 12 期。
[55] 芮必峰、陈夏蕊：《新传播技术呼唤新“媒介素养”》，《新闻界》2013 年第 14 期。
[56] 宋小卫：《在法条之间徘徊——传播法识读随笔》，《国际新闻界》2010 年第 10 期。
[57] 宋小卫：《为新闻自律成文规约配发示例读本的思考》，《当代传播》2014 年第 2 期。
[58] 宋小卫：《谈谈“伪装”采访的伦理问题》，《新闻与写作》2014 年第 4 期。
[59] 宋小卫：《全媒体时代的“公共传播”与“注意义务”》，《当代传播》2019 年第 2 期。
[60] 苏涛、彭兰：《反思与展望：赛博格时代的传播图景——2018 年新媒体研究综述》，《国际新闻界》2019 年第 1 期。
[61] 孙利天：《现代性的追求和内在超越》，《中国社会科学》2016 年第 2 期。
[62] 孙玉双：《隐性采访应注意的法律问题》，《新闻采编》2008 年第 5 期。
[63] 唐铮：《能动的在场：融合背景下的职业权威性——对近百位中国媒体从业者的深度访谈》，《国际新闻界》2019 年第 6 期。
[64] 陶建杰、张涛：《上海地区新闻专业本科生的职业认同及其影响因素》，《国际新闻界》2016 年第 8 期。
[65] 滕乐：《去中心化结构中的再中心化重构——媒介融合背景下的 IP 项目研究》，《编辑之友》2019 年第 4 期。
[66] 王斌、程思琪：《反推式变革：数字环境中的新闻消费特点和转型路径》，《编辑之友》2018 年第 12 期。
[67] 王斌、顾天成：《智媒时代新闻从业者的职业角色转型》，《新闻与写作》2019 年第

4 期。

[68] 王斌、张雪：《新型主流媒体影响力建设的内容生产路径——基于微信公众号“侠客岛”的研究》,《新闻战线》2019 年第 11 期。

[69] 王亦高、房建硕：《新闻职业精神再探究》,《现代传播》2015 年第 8 期。

[70] 王亦高、沈华文：《变革与挑战：高级互联网时代的新闻职业精神》,《青年记者》2019 年 1 月(上)。

[71] 吴飞等：《新闻从业者专业化程度调查》,《新闻实践》2003 年第 9 期。

[72] 吴飞、吴风：《新闻专业主义理念的建构》,《中国人民大学学报》2004 年第 6 期。

[73] 吴莹：《试论新闻的真实性》,《理论观察》2014 年第 8 期。

[74] 夏倩芳、王艳：《从“客观性”到“透明性”：新闻专业权威演进的历史与逻辑》,《南京社会科学》2016 年第 7 期。

[75] 夏倩芳、李婧：《媒体从业者的劳动权困境及其形塑机制》,《学术研究》2017 年第 4 期。

[76] 谢金文：《新闻传播教育需面向移动时代》,《今传媒》2018 年第 12 期。

[77] 许向东、高爽：《主流媒体在社会建设中的引导抚慰功能》,《新闻战线》2017 年第 19 期。

[78] 许向东：《关于人工智能时代新闻伦理与法规的思考》,《人民论坛 · 学术前沿》2018 年 12 月(下)。

[79] 许向东、尹艺斐：《数据可视化产品在社交媒体上的再传播》,《新闻爱好者》2019 年第 7 期。

[80] 宣长春、林升栋：《管窥中西方传统说服的原型及其内在逻辑》,《学术研究》2019 年第 6 期。

[81] 闫伊默：《传媒要避免对采访对象的新闻伤害》,《青年记者》2014 年 10 月(中)。

[82] 颜梅、何天平：《电视文化类节目的嬗变轨迹及文化反思》,《现代传播》2017 年第 7 期。

[83] 杨保军：《简论智能新闻的主体性》,《现代传播》2018 年第 11 期。

[84] 杨保军：《新闻规律视野中的新闻受众变迁与实质》,《编辑之友》2019 年第 2 期。

[85] 杨保军：《论作为宏观新闻规律的“技术主导律”》,《国际新闻界》2019 年第 8 期。

[86] 王武录：《话说“本质的真实”》,《新闻战线》1981 年第 3 期。

[87] 阴卫芝：《网络时代新闻记者如何更加专业？——〈法新社编辑标准与最优操作手册〉的分析与借鉴》,《新闻记者》2016 年第 8 期。

[88] 阴卫芝：《技术“裹挟”下的媒介伦理反思》,《新闻与写作》2019 年第 4 期。

[89] 於红梅：《从“We Media”到“自媒体”——对一个概念的知识考古》,《新闻记者》2017 年第 12 期。

[90] 喻国明：《角色认知与职业意识——中国新闻工作者职业意识与职业道德抽样调查报告(之一)》,《青年记者》1998 年第 2 期。

[91] 喻国明：《职业道德意识及对职业道德现状的估价——中国新闻工作者职业意识与职业道德抽样调查报告(之二)》,《青年记者》1998 年第 3 期。

[92] 喻国明：《中国新闻工作者的职业意识与职业道德》,《新闻记者》1998 年第 3 期。

[93] 喻国明:《互联网发展的"下半场":传媒转型的价值标尺与关键路径》,《当代传播》2017 年第 4 期。

[94] 袁文幻:《新时期党报的坚守与改革——基于 12 份党报改版〈致读者〉的话语分析》,《新闻论坛》2017 年第 4 期。

[95] 曾丽红:《中国调查记者行动实践的社会学分析——一种媒介场域的视角》,《现代传播》2014 年第 7 期。

[96] 曾庆香:《新媒体语境下的新闻叙事模式》,《新闻与传播研究》2014 年第 11 期。

[97] 曾庆香、陆佳怡、吴晓虹:《数据新闻:一种社会科学研究的新闻论证》,《新闻与传播研究》2017 年第 12 期。

[98] 张洪忠、何艳、许航:《北京地区新闻从业者的职业选择观》,《新闻与写作》2007 年第 1 期。

[99] 张辉锋、翟旭瑾:《中国传媒业商业模式类别及创新路径》,《中国出版》2019 年第 6 期。

[100] 张如:《记者不当提问的根源、危害分析及对策研究》,中国人民大学新闻学院硕士学位论文,2006 年春。

[101] 张振宇:《讽刺画、预警器和烟幕弹——对国内假新闻研究的反思与重构(1980-2018)》,未刊稿。

[102] 张志安、沈菲:《调查记者的择业动机及影响因素研究》,《新闻大学》2012 年第 4 期。

[103] 张志安、沈菲:《调查记者的职业满意度及影响因素研究》,《新闻与传播研究》2012 年第 4 期。

[104] 张志安、吴涛:《"宣传者"与"监督者"的双重式微——中国新闻从业者媒介角色认知、变迁及影响因素》,《国际新闻界》2014 年第 6 期。

[105] 张志安、张京京、林功成:《新媒体环境下中国新闻从业者调查》,《当代传播》2014 年第 3 期。

[106] 张志安、章震:《媒介融合语境下新闻职业权威的话语建构——基于 48 家媒体 2016 年新年献词的话语研究》,《现代传播》2017 年第 1 期。

[107] 赵永华、姚晓鸥:《媒介的意识形态批判抑或受众研究:霍尔模式的现象学分析》,《国际新闻界》2013 年第 11 期。

[108] 赵卓:《企业公关与大众媒体新闻生产的互动研究》,中国人民大学新闻学院硕士学位论文,2013 年春。

[109] 郑保卫、陈绚:《传媒人对"有偿新闻"的看法》,《新闻记者》2004 年第 3 期。

[110] 周葆华、查建琨:《网络新闻从业者生存状况调查报告》,《新闻与写作》2017 年第 3 期。

[111] 周畅、徐志武:《青年编辑职业认同提升策略研究——以工作满意度为视角》,《出版发行研究》2017 年第 12 期。

[112] 周俊:《试析我国现行新闻职业规范——以〈中国新闻工作者职业道德准则〉为例》,《国际新闻界》2008 年第 8 期。

[113] 周俊:《转型时期中国新闻媒体及其从业者的角色实践与新闻失范》,《国际新闻

界》2009 年第 12 期。

[114] 周俊：《离散与失范：我国转型时期新闻的价值理念变迁与职业道德》，《国际新闻界》2010 年第 4 期。

[115] 周俊：《马克思主义新闻学研究 70 年(1949—2019)》，《新闻与传播研究》2019 年第 8 期。

[116] 周睿鸣：《“转型”：观念的形成、元话语重构与新闻业变迁——对“澎湃新闻”的案例研究》，《国际新闻界》2019 年第 3 期。

[117] 周勇、何天平：《从“看”到“体验”：现实体验技术对新闻表达的重构》，《新闻与写作》2016 年第 11 期。

[118] 周勇、倪乐融：《拐点与抉择：中国电视业发展的历史逻辑与现实进路》，《现代传播》2019 年第 9 期。

[119] 周裕琼：《互联网使用对中国记者媒介角色认知的影响》，《新闻大学》2008 年第 1 期。

[120] 朱立芳：《新媒体时代新闻真实的实现》，《新闻知识》2014 年第 1 期。

专著

[121] [德]马丁・布伯：《我与你》，陈维纲译，北京，商务印书馆，2015 年。

[122] [德]尼采：《善恶之彼岸：未来的一个哲学序曲》，程志民译，北京，华夏出版社，2000 年。

[123] [德]托马斯・梅耶：《传媒殖民政治》，刘宁译，北京，中国传媒大学出版社，2009 年。

[124] [德]西美尔：《金钱、性别、现代生活风格》，刘小枫选编，顾仁明译，上海，华东师范大学出版社，2010 年。

[125] [法]多米尼克・吴尔敦：《信息不等于传播》，宋嘉宁译，北京，中国传媒大学出版社，2012 年。

[126] [法]加布里埃尔・塔尔德：《传播与社会影响》，何道宽译，北京，中国人民大学出版社，2005 年。

[127] [法]克劳德-让・贝特朗：《媒体职业道德规范与责任体系》，宋建新译，北京，商务印书馆，2006 年。

[128] [法]米歇尔・福柯：《规训与惩罚》，刘北成、杨远婴译，北京，生活・读书・新知三联书店，2007 年第 3 版。

[129] [荷兰]斯宾诺莎：《伦理学》，贺麟译，北京，商务印书馆，1983 年第 2 版。

[130] [美]W. 兰斯・班尼特：《新闻：政治的幻象》，杨晓红、王家全译，北京，当代中国出版社，2005 年。

[131] [美]比尔・科瓦齐、汤姆・罗森斯蒂尔：《新闻的十大基本原则》，刘海龙、连晓东译，北京，北京大学出版社，2011 年。

[132] [美]丹尼尔・哈林、(意)保罗・曼奇尼：《比较媒介体制：媒介与政治的三种模式》，陈娟等译，北京，中国人民大学出版社，2012 年。

[133] [美]菲利普·帕特森、李·威尔金斯:《媒介伦理学:问题与案例》,李青藜译,北京,中国人民大学出版社,2006年。
[134] [美]卡尔·霍夫兰:《传播与劝服:关于态度转变的心理学研究》,张建中等译,北京,中国人民大学出版社,2015年。
[135] [美]卡斯珀·约斯特:《新闻学原理》,王海译,北京,中国传媒大学出版社,2013年。
[136] [美]克利福德·G. 克里斯蒂安等:《媒体伦理学:案例与道德论据》,蔡文美等译,北京,华夏出版社,2000年第5版。
[137] [美]利昂·纳尔逊·弗林特:《报纸的良知——新闻事业的原则和问题案例讲义》,萧严译,北京,中国人民大学出版社,2005年。
[138] [美]塞缪尔·G.弗里德曼:《媒体的真相:致年轻记者》,梁岩、王星桥译,北京,中信出版社,2007年。
[139] [美]斯坦利·巴兰、丹尼斯·戴维斯:《大众传播理论:基础、争鸣与未来》,曹书乐译,北京,清华大学出版社,2004年。
[140] [美]希伦·A.洛厄里、梅尔文·L. 德弗勒:《大众传播效果研究的里程碑》,刘海龙等译,北京,中国人民大学出版社,2009年。
[141] [美]约翰·C.尼罗等:《最后的权利:重议〈报刊的四种理论〉》,周翔译,汕头,汕头大学出版社,2008年。
[142] [美]约翰·费斯克:《理解大众文化》,王晓钰、宋伟杰译,北京,中央编译出版社,2006年第2版。
[143] [美]约翰·维维安:《大众传播媒介》,顾宜凡等译,北京,北京大学出版社,2010年。
[144] [匈]卢卡奇:《历史与阶级意识:关于马克思主义辩证法的研究》,杜章智等译,北京,商务印书馆,1999年。
[145] [以色列]尤瓦尔·赫拉利:《人类简史:从动物到上帝》,林俊宏译,北京,中信出版社,2014年。
[146] [英]边沁:《道德与立法原理导论》,时殷宏译,北京,商务印书馆,2000年。
[147] [英]马修·基兰:《媒体伦理》,张培伦、郑佳瑜译,南京,南京大学出版社,2009年。
[148] [英]齐格蒙·鲍曼:《生活在碎片中——论后现代道德》,郁建兴等译,上海,学林出版社,2002年。
[149] [英]斯图亚特·艾伦:《新闻文化》,方洁等译,北京,北京大学出版社,2008年。
[150] [英]亚当·斯密:《道德情操论》,蒋自强等译,北京,商务印书馆,1997年。
[151] 《新闻学论集》,1-18辑,中国人民大学新闻学院,1980—1999年。
[152] 曹茹:《新闻从业者职业倦怠研究》,北京,中国传媒大学出版社,2008年。
[153] 陈力丹:《马克思主义新闻观思想体系》,北京,中国人民大学出版社,2006年。
[154] 陈力丹:《新闻观念:从传统到现代》,上海,复旦大学出版社,2004年。
[155] 陈力丹:《新闻理论十讲》,上海,复旦大学出版社,2008年。
[156] 陈力丹等:《艰难的新闻自律——我国新闻职业规范的田野观察、深度访谈、理

论分析》，北京，人民日报出版社，2010 年。
[157] 陈力丹等：《中国新闻职业规范蓝本》，北京，人民日报出版社，2012 年。
[158] 陈堂发：《为何？何为？——论当代中国媒介权限》，北京，群言出版社，2007 年。
[159] 陈绚：《大众传播伦理案例教程》，北京，中国人民大学出版社，2010 年。
[160] 樊亚平：《中国新闻从业者职业认同研究（1815—1927）》，北京，人民出版社，2011 年。
[161] 费孝通：《乡土中国/生育制度》，北京，北京大学出版社，1998 年。
[162] 冯友兰：《中国哲学简史》，北京，北京大学出版社，2013 年。
[163] 胡泳：《众声喧哗：网络时代的个人表达与公共讨论》，桂林，广西师范大学出版社，2008 年。
[164] 黄建新：《传媒：自由与责任——西方"报刊的社会责任理论"解读》，上海，上海交通大学出版社，2010 年。
[165] 李良荣：《新闻学概论》，上海，复旦大学出版社，2001 年。
[166] 林语堂：《中国新闻舆论史》，王海等译，北京，中国人民大学出版社，2008 年。
[167] 刘海龙：《大众传播理论：范式与流派》，北京，中国人民大学出版社，2008 年。
[168] 刘海龙：《重访灰色地带：传播研究史的书写与记忆》，北京，北京大学出版社，2015 年。
[169] 刘海明、王欢妮：《灾难报道伦理研究》，北京，商务印书馆，2012 年。
[170] 陆扬、王毅：《文化研究导论》，上海，复旦大学出版社，2006 年。
[171] 邵培仁：《传播学导论》，杭州，浙江大学出版社，1997 年。
[172] 宋超：《拷问传媒公信力——新闻打假十年实录》，上海，文汇出版社，2011 年。
[173] 陶东风、和磊：《文化研究》，桂林，广西师范大学出版社，2006 年。
[174] 魏永征：《新闻传播法教程》，北京，中国人民大学出版社，2010 年第 3 版。
[175] 谢金文：《新闻学导论新编》，北京，北京大学出版社，2008 年。
[176] 杨保军：《新闻道德论》，北京，中国人民大学出版社，2010 年。
[177] 张晓锋：《新闻职业精神论纲》，北京，中国广播电视出版社，2011 年。
[178] 张咏华等：《新闻传媒业的他律与自律》，上海，上海外语教育出版社，2007 年。
[179] 郑根成：《媒介载道——传媒伦理研究》，北京，中央编译出版社，2009 年。
[180] 中华全国新闻工作者协会：《中国新闻工作法律手册》，北京，新华出版社，2010 年。
[181] 周鸿铎：《新闻学教程》，北京，中国书籍出版社，2010 年。

附录一　本研究的调查问卷

北京地区新闻从业人员专业意识调查

（马新观项目组，第五稿，终稿）

封面信：

为了解中国新闻从业人员的专业意识情况，提高新闻从业人员的专业能力和水平，中国人民大学新闻学院委托环球时报社舆情调查中心特进行此次问卷调查。您的回答无所谓对错，只要真实地反映了您的看法，就达到了调查的目的。

本问卷为匿名调查，不需填写您的姓名。请在您选定的项目上划勾或填空，除标明“多选题”，其他都为“单选题”。衷心感谢您的支持和参与！

中国人民大学新闻学院马新观项目组

2018 年 7 月

一、受访新闻从业人员的社会学统计指标

1. 请问您的性别是？

A. 男　　　　B. 女

2. 请问您的年龄（周岁）是？

A. 18 岁以下　　B. 18～25 岁

C. 25～35 岁　　D. 35～45 岁

E. 45～55 岁　　F. 55 岁以上

G. 不便透露

3. 请问您的最高学历是？

A. 高中及以下　　B. 专科

C. 本科　　D. 硕士研究生

E. 博士研究生　　F. 不便透露

4. 请问您最后学历的专业背景（大致）是？

A. 哲学　　B. 经济学

C. 法学　　D. 教育学

E. 文学（含新闻传播学类）　　F. 历史学

G. 理学　　H. 工学

I. 农学　　J. 医学

K. 军事学　　L. 管理学

M. 艺术学　　N. 其他，请填写：________

O. 不便透露

5. 请问您的政治面貌是？

A. 中共党员或中共预备党员　　B. 共青团员

C. 民主党派成员　　D. 无党派人士

E. 群众　　F. 不便透露

6. 请问您的月收入（包括工资、补贴等）是？

A. 5000 元以下　　B. 5000～10000 元

C. 10001～20000 元　　D. 20001～40000 元

E. 40001～100000 元　　F. 100000 元以上

G. 收入不固定　　H. 不便透露

7. 请问您的工作岗位（大致）是？

A. 实习生（无定岗）　　B. 记者

C. 编辑　　D. 总编

E. 其他，请填写：________　　F. 不便透露

8. 请问您的从业时间是？

A. 1 年以内　　B. 1～2 年

C. 3～5 年　　D. 6～10 年

E. 11～15 年　　F. 16～21 年

G. 21 年以上　　H. 不便透露

9. 请问您所在单位的（体制方面的）性质是？

A. 体制内媒体　　B. 体制外媒体

C. 难以判断　　D. 不便透露

10. 请问您所在单位的（媒介方面的）性质是？

A. 传统媒体（如报纸、通讯社、广播、电视、杂志、书刊等）

B. 新媒体一（传统媒体主办的新闻网站、门户网站等）

C. 新媒体二（互联网公司主办的网站，如资讯聚合类、专业新闻客户端等）

D. 自媒体（社交媒体，如微博、微信公众号等）

E. 难以判断

F. 不便透露

11. 请问您主要从事报道的领域是（请单选）？

A. 时政、国际

B. 金融、财经

C. 社会、民生

D. 娱乐体育（娱乐、体育、健康、游戏）

E. 科技（能源、IT、汽车）

F. 教育、文化

G. 其他，请注明：________

12. 如果方便且可能，请写下您的具体工作单位：__________________

二、受访新闻从业人员对新闻工作本身的基本认识与评价

1. 以下是一些对于中国新闻从业人员所担当的“社会角色”的既有描述。请根据您自身的认识将这些描述加以排序，即请将您认为更符合您认知的描述排在最前面。

A. 宣传者：传递党的政策，作为党的喉舌，进行动员和引导

B. 参与者：推动社会变迁，观点提供者，有启蒙作用

C. 营利者：信息生产的目的是获取商业利润

D. 观察者：单纯记录新闻事件，提供事实性信息，不介入过深

您的排序是：(　)-(　)-(　)-(　)

或可选择：

E. 本题选项设计不合理，无从排序

2. 以下是一些对于“新闻工作所承担的社会功能”的既有描述。请根据您的认识，对下列社会功能的重要性进行打分。1＝非常不重要；2＝不重要；3＝不一定；4＝重要；5＝非常重要。即，数字越大，表示您认为这一社会功能越重要(或越显著)。

A. 报道新近发生的新闻事件，迅速地为受众提供新闻信息	1	2	3	4	5
B. 帮助人民了解党和政府的政策、方针、路线	1	2	3	4	5
C. 帮助人民实行针对政府、企业等主体的舆论监督	1	2	3	4	5
D. 引导公众舆论	1	2	3	4	5
E. 通过可靠报道来辟谣	1	2	3	4	5
F. 依据公众偏好来生产新闻	1	2	3	4	5
G. 对社会中的复杂问题提供分析和解释	1	2	3	4	5
H. 提高人民的知识文化水平	1	2	3	4	5
I. 支持国家(宏观)发展	1	2	3	4	5
J. 成为公众意见表达的平台	1	2	3	4	5
K. 提倡社会变革，摒弃社会陈习，推动社会发展	1	2	3	4	5
L. 提供娱乐	1	2	3	4	5
M. 为受众的日常生活提供必要指引	1	2	3	4	5

3. 以下是一些对于“新闻价值的要素”的既有描述。请根据您的认识，对下列要素的重要性进行打分。1＝非常不重要；2＝不重要；3＝不一定；4＝重要；5＝非常重要。即，数字越大，表示您认为这一要素越重要。

A. 与受众的普通生活及切身利益的相关性、接近性	1	2	3	4	5
B. 事件自身的时效性	1	2	3	4	5
C. 是否提供了新的信息(尤指新的变动、异于往常的情况、小概率事件的发生)	1	2	3	4	5
D. 事件的影响程度与波及范围	1	2	3	4	5
E. 事件发生地点是否著名	1	2	3	4	5
F. 事件主角是否为名人	1	2	3	4	5
G. 是否为本单位的独家报道	1	2	3	4	5
H. 事件自身是否内含冲突(如辩论、争执、贸易战等)	1	2	3	4	5
I. 是否能起到批评和纠正的效果	1	2	3	4	5
J. 是否为具有某种心理替代性的故事性事实(如大团圆、英雄磨炼、有情人终成眷属等)	1	2	3	4	5
K. 事件本身的趣味性或人情味儿	1	2	3	4	5

4. 以下是对“新闻专业旨趣”的一些描述，您是否认同这些描述？1＝非常不认同；2＝不认同；3＝不确定；4＝认同；5＝非常认同。即，数字越大，表示您越认同这一描述。

A. 传媒具有社会公器的职能，新闻工作必须服务于公众利益，而非服务于政治或经济利益集团	1	2	3	4	5
B. 新闻从业人员以实证科学的理性标准评判事实的真伪，服从于事实这一最高权威，非臣服于任何政治权力或经济势力	1	2	3	4	5
C. 接受专业社区的自律，而不接受在此之外的任何权力或权威的控制	1	2	3	4	5

5. 以下是一些对于“新闻活动情况”的既有描述。请根据您的认识，谈谈您是否同意这种情况的发生或存在。1＝非常不认同；2＝不认同；3＝不确定；4＝认同；5＝非常认同。即，数字越大，表示您越同意这种情况的发

生或存在。

A. 新闻从业人员应该主动淡化不利于重要广告客户的批评报道	1	2	3	4	5
B. 新闻从业人员可以接受新闻来源单位赠送的礼品	1	2	3	4	5
C. 新闻从业人员可以为自己的版面或节目联系赞助	1	2	3	4	5
D. 新闻从业人员可以在企业进行投资	1	2	3	4	5
E. 新闻从业人员可以在企业进行兼职	1	2	3	4	5
F. 标明、披露受访者的具体身份信息，是被赞赏、被提倡的	1	2	3	4	5
G. 即使受访者没有提出匿名要求，新闻从业人员也需要主动询问其是否需要匿名	1	2	3	4	5
H. 在有报道需要的情况下，新闻从业人员可以在受访者不知情的情况下进行拍摄或录音	1	2	3	4	5
I. 在法院判决之前，新闻从业人员可以在报道和评论中对案件结果作出个人判断，如被告人是否有罪、该判何种刑罚等	1	2	3	4	5
J. 为了引起公众对实际存在的某种社会问题的重视，可以先虚构一个与该社会问题有关的事实加以报道	1	2	3	4	5
K. 为了获取相关商业利益，新闻媒体可以进行新闻炒作（即对报道活动的一种刻意强化）	1	2	3	4	5
L. 为了获取点击率，可以在新闻报道中展示血腥画面	1	2	3	4	5
M. 为了真实地再现新闻事件，可以在新闻报道中展示血腥画面	1	2	3	4	5
N. 新闻报道刊播之前，新闻从业人员可以也应该将报道全文交给被采访对象审读修改	1	2	3	4	5
O. 一旦承诺为消息来源保密，新闻从业人员必须信守保密承诺	1	2	3	4	5
P. 在有报道需要的情况下，新闻从业人员可以隐瞒身份（即隐瞒自身的新闻从业人员之身份）接触采访对象	1	2	3	4	5
Q. 新闻从业人员应该客观地记录与再现新闻事实，坚决消除情感因素，避免介入事件	1	2	3	4	5
R. 新闻报道应杜绝“摆拍视频”或“摆拍照片”	1	2	3	4	5
S. 新闻媒体应建立“更正与答辩”专栏，之前的新闻报道如有错误，应及时更正	1	2	3	4	5
T. 在处理所有死亡报道时，都应发挥人道精神，甚至不惜放弃报道新闻事实	1	2	3	4	5

6. 以下是一些对于“新闻工作择业动机”的既有描述。请根据您的认识，对下列择业动机的看重程度进行打分。1＝非常不看重；2＝不看重；3＝不确定；4＝看重；5＝非常看重。即，数字越大，表示您越看重该择业动机。

A. 福利水平、薪酬水平	1	2	3	4	5
B. 个人成名的机会	1	2	3	4	5
C. 社会地位、受人尊敬的程度	1	2	3	4	5
D. 工作压力大小	1	2	3	4	5
E. 个人升迁的机会与速率	1	2	3	4	5
F. 工作单位的人际关系（是否复杂）	1	2	3	4	5
G. 能够揭露社会问题、维护公平正义	1	2	3	4	5
H. 能够传播新思想、启迪民心	1	2	3	4	5
I. 能够表达民众的呼声	1	2	3	4	5
J. 能够接触社会各个阶层	1	2	3	4	5
K. 能够体验冒险、刺激、多元的生活	1	2	3	4	5
L. 实现或培养写作（或摄影、摄像、编辑、编导等）兴趣	1	2	3	4	5
M. 能够实现个人终极理想或人生远大抱负	1	2	3	4	5
N. 新闻媒体（作为一个行业）自身的发展现状或发展前景	1	2	3	4	5

7. 以下是一些关于“新闻观念或新闻理念”的既有描述。请根据您的认识，对下列描述是否符合您的既有观念进行打分。1＝非常不符合；2＝不符合；3＝不确定；4＝符合；5＝非常符合。即，数字越大，表示其越符合您的既有观念。

A. 在新闻报道中，事实与观点无法拆分	1	2	3	4	5
B. 在遇到有争议的报道题材时，记者应保持对各方的平衡	1	2	3	4	5
C. 新闻报道永远无法再现真相	1	2	3	4	5
D. 相比于新闻信息的实际内容，新闻信息的来源事实上更为重要	1	2	3	4	5
E. 新闻从业人员是“无冕之王”	1	2	3	4	5
F. “人人都是记者”的时代已经降临	1	2	3	4	5
G. 新闻报道是社会的黏合剂	1	2	3	4	5

续表

H. 新闻报道应该投受众之所好	1	2	3	4	5
I. 新闻报道应该更重视“亚文化”以及“弱势群体”	1	2	3	4	5
J. 图像报道远比文字报道更重要	1	2	3	4	5
K. 新闻从业人员不仅是“把关人”，也是“策划者”	1	2	3	4	5
L. 新闻报道模式的变革将更大程度地倚重传媒技术的发展	1	2	3	4	5
M. 新闻工作本身已逐步泛化为普遍存在的社会公共传播行为	1	2	3	4	5
N. 新闻工作必须一如既往地重视时效性	1	2	3	4	5
O. 一般的新闻报道无须讲求分析深度	1	2	3	4	5
P. 在专业新闻报道工作方面，智能机器人终将替代人类自身	1	2	3	4	5

8. 以下是一些对于“对新闻工作产生影响的要素”的既有描述。请根据您的认识，对下列要素的影响程度进行打分。1＝完全没影响；2＝没影响；3＝不确定；4＝有影响；5＝影响非常大。即，数字越大，表示您认为这一要素影响越大。

A. 宣传部门及各级政府机构	1	2	3	4	5
B. 个别政府官员	1	2	3	4	5
C. 审查制度	1	2	3	4	5
D. 广告因素	1	2	3	4	5
E. 发行量（或收视率、点击率等）的考虑	1	2	3	4	5
F. 所在新闻机构的管理层	1	2	3	4	5
G. 直接上司或编辑	1	2	3	4	5
H. 机构的编辑政策或方针	1	2	3	4	5
I. 所在新闻机构的投资者	1	2	3	4	5
J. 受众的主动反馈	1	2	3	4	5
K. 受众调查结果	1	2	3	4	5

三、受访新闻从业人员的自身满意度

1. 以下开列的，是关于新闻工作的若干具体描绘维度。请根据您的认识，特别是工作中的体验，谈谈您对以下维度所描绘的实际工作情况是否感觉满意。1＝非常不满；2＝不满；3＝不确定；4＝满意；5＝非常满意。即，数字越大，表示您对该维度的实际情况越满意。

A. 与同事之间的相处关系	1	2	3	4	5
B. 主管领导的能力	1	2	3	4	5
C. 工作中学习新知识的机会	1	2	3	4	5
D. 工作的自主程度	1	2	3	4	5
E. 工作的社会影响	1	2	3	4	5
F. 工作时间的弹性与可驾驭	1	2	3	4	5
G. 工作的自我成就感与自我满足感	1	2	3	4	5
H. 绩效考核制	1	2	3	4	5
I. 职位升迁的机会与速率	1	2	3	4	5
J. 薪酬外的其他福利待遇	1	2	3	4	5
K. 工作薪酬收入水平	1	2	3	4	5
L. 整体满意度	1	2	3	4	5

2. 以下开列的，是关于您从事新闻工作以来的个人生活的若干具体描绘维度。请根据您的认识，特别是生活中的体验，谈谈您对以下维度所描绘的实际生活情况是否感觉满意。1＝非常不满；2＝不满；3＝不确定；4＝满意；5＝非常满意。即，数字越大，表示您对该维度的实际情况越满意。

A. 心理健康状况	1	2	3	4	5
B. 身体健康状况	1	2	3	4	5
C. 通勤条件	1	2	3	4	5
D. 住房条件	1	2	3	4	5
E. 陪伴家人的时间	1	2	3	4	5
F. 从事个人业余爱好活动的时间与可能性	1	2	3	4	5
G. 整体满意度	1	2	3	4	5

四、新闻工作与其他相关工作的辩证关系

1. 新闻工作与宣传工作，在您看来，其关系是：

A. 截然不同

B. 有一定的交叉之处

C. 全然相同，没有实质性区别

D. 难以判断

E. 本题选项设计不合理，无从回答

2. 新闻与舆论，在您看来，其关系是：

A. 截然不同

B. 有一定的交叉之处

C. 全然相同，没有实质性区别

D. 难以判断

E. 本题选项设计不合理，无从回答

3. 新闻与信息，在您看来，其关系是：

A. 截然不同

B. 有一定的交叉之处

C. 全然相同，没有实质性区别

D. 难以判断

E. 本题选项设计不合理，无从回答

五、新媒体发展与新闻工作

1. 新媒体发展趋势下，“新闻从业人员”的内涵是否有所改变？请根据您的认识，对其内涵的变化程度进行打分。1＝没有变化；2＝变化较少；3＝有一些变化；4＝有较多变化；5＝变化巨大。即，数字越大，表示变化越大。

1	2	3	4	5

2. （上一题选择“1＝没有变化”时可跳过此题）（单选）在您看来，“新闻从业人员”的内涵变化最集中体现在：

A. 从业人员数量增加

B. 新的媒体形式催生了新的新闻从业人员种类

C. 从业人员的教育背景更为多元

D. 其他(请补充)：____________________

E. 本题选项设计不合理,无从回答

3. 在您看来,较之传统媒体,新媒体中出现的新闻从业人员在新闻报道技术方面的表现是：

A. 新闻报道技术方面更为突出

B. 新闻报道技术方面更为薄弱

C. 没有明显区别

D. 本题选项设计不合理,无从回答

4. 在您看来,较之传统媒体,新媒体中出现的新闻从业人员在新闻职业素养方面的表现是：

A. 新闻职业素养方面更为优秀

B. 新闻职业素养方面普遍较传统媒体薄弱

C. 没有明显区别

D. 本题选项设计不合理,无从回答

5. 在您看来,较之传统媒体,新媒体中新闻传播学专业类人才的地位是：

A. 新闻传播学专业类人才起主导作用

B. 新闻传播学专业类人才较为边缘化

C. 没有明显区别

D. 本题选项设计不合理,无从回答

6. 在您看来,较之传统媒体,新媒体中出现的新闻从业人员对新闻品质的追求是：

A. 普遍追求更高的新闻品质

B. 普遍对新闻品质要求不高

C. 没有明显区别

D. 本题选项设计不合理,无从回答

7. 就您而言,在平日工作中,有无主观感觉到自身既有知识储备较为吃紧的情况存在?

A. 有

B. 无

C. 难以判断

D. 本题选项设计不合理，无从回答

8. 请您根据自身体验或认识，对个人学习您所报道领域（如时政、财经、娱乐体育等）的专业知识的必要程度打分。1＝毫无必要；2＝几乎没有必要；3＝不一定；4＝有些必要；5＝很有必要。即，数字越大，表示学习的必要程度越高。

1	2	3	4	5

9. 请您根据自身体验或认识，对个人学习新的媒体技术的必要程度打分。1＝毫无必要；2＝几乎没有必要；3＝不一定；4＝有些必要；5＝很有必要。即，数字越大，表示学习的必要程度越高。

1	2	3	4	5

10. （上一题选择“1＝毫无必要”时可跳过此题）（可多选）在您看来，需要学习的内容有：

A. 与大数据挖掘和分析相关的计算机知识

B. VR/无人机等新的拍摄手段

C. 图片处理、视频制作等与编辑制作相关的新软件及其操作技术

D. 互联网相关的营销知识，如直播、新媒体运营、搜索引擎优化营销等

E. 新媒体技术下出现的与伦理法规相关的新情况及新知识

F. 计算机编程技术

G. 数字化业务流程相关的软件知识，如 CRM、OA 等

H. 基于互联网的用户行为态度研究内容

I. 其他，请填写：________________

到此本问卷已全部结束。请您注意核查问卷，避免漏填错填，也欢迎您另附纸张，对本调查主题发表您的高见。由衷感谢您的积极配合和耐心作答！

祝您生活愉快，工作顺利！

附录二　参与本研究工作的成员

“马研中心”项目总负责人：周建明、周勇、赵云泽、邓绍根

本研究负责人：王亦高

主要参与教师：张金玺、罗雪蕾、吴翼翔

特别鸣谢：焦伟明、张怡、赫剑婷、费杨生、杨琼

参与工作的学生：沈华文、徐涵、马思远、王琦、晏思思、陈晓艳、黄从浩、陈吕佳乐、钟愉靖、潘俊鑫、王一、梁翰彬